Investimento Direto em Ativos Estrangeiros

Investimento Direto em Ativos Estrangeiros

2021

Lucas Rafael Peres

ALMEDINA

INVESTIMENTO DIRETO EM ATIVOS ESTRANGEIROS

AUTOR: Lucas Rafael Peres

DIRETOR ALMEDINA BRASIL: Rodrigo Mentz
EDITORA JURÍDICA: Manuella Santos de Castro
EDITOR DE DESENVOLVIMENTO: Aurélio Cesar Nogueira
ASSISTENTES EDITORIAIS: Isabela Leite e Larissa Nogueira

DIAGRAMAÇÃO: Almedina
DESIGN DE CAPA: Roberta Bassanetto

ISBN: 9786556274065
Dezembro, 2021

Dados Internacionais de Catalogação na Publicação (CIP)
(Câmara Brasileira do Livro, SP, Brasil)

Peres, Lucas Rafael
Investimento direto em ativos estrangeiros /
Lucas Rafael Peres. -- São Paulo : Almedina, 2021.

Bibliografia
ISBN 978-65-5627-406-5

1. Ativos - Financeiros 2. Direito financeiro
3. Direito financeiro - Legislação - Brasil 4. Fundos
de investimento 5. Investidores (Finanças)
6. Investimentos estrangeiros (Direito internacional)
7. Valores mobiliários I. Título.

21-86741 CDU-34:336.764

Índices para catálogo sistemático:

1. Investimentos estrangeiros : Direito financeiro 34:336.764

Maria Alice Ferreira - Bibliotecária - CRB-8/7964

Este livro segue as regras do novo Acordo Ortográfico da Língua Portuguesa (1990).

EDITORA: Almedina Brasil
Rua José Maria Lisboa, 860, Conj.131 e 132, Jardim Paulista | 01423-001 São Paulo | Brasil
editora@almedina.com.br
www.almedina.com.br

AGRADECIMENTOS

À minha família pelo carinho e exemplo de esforço e trabalho.

À Amanda, por me incentivar nos meus projetos pessoais, bem como pelo incansável apoio em todos os momentos.

Aos integrantes da banca de avaliação, professores Pâmela Gabrielle Romeu Gomes Roque, Eduardo Montenegro Dotta e Otavio Yazbek, pelas críticas e grandes contribuições ao projeto, e aos demais professores do Insper, pela dedicação e compartilhamento de experiências e ideias.

Aos meus colegas de trabalho e clientes, pela confiança e oportunidade de participar de projetos desafiadores.

À Faculdade de Direito da Universidade Federal de Goiás minha *alma mater.*

Ao Insper e à Almedina pela oportunidade.

SUMÁRIO

INTRODUÇÃO

É inegável que o avanço tecnológico é elemento propulsor de revoluções. Foi assim com a internet, que revolucionou as comunicações, levando-as para uma escala global. Importante também é o desenvolvimento dos mercados financeiro e de capitais que se confunde com o próprio desenvolvimento econômico. Economias desenvolvidas são necessariamente acompanhadas de sistemas financeiros desenvolvidos de forma tão umbilical que não é possível concluir se o desenvolvimento econômico é o indutor do desenvolvimento do mercado de capitais, ou se é o contrário. Uníssono é que um está, em essência, acompanhado pelo outro[1].

Nesse contexto, o desenvolvimento do mercado de capitais está necessariamente vinculado ao aumento do volume de recursos disponíveis para investimento, que pode vir do aumento do número de agentes superavitários dispostos a prover capital aos agentes deficitários no tabuleiro da economia. Apesar de evidente importância da participação de investidores institucionais, ganha destaque a crescente participação das pessoas físicas como agentes provedores de capital.

Como movimento decorrente do acesso facilitado a um amplo rol de produtos de investimento mais sofisticados que a renda fixa tradicional

[1] Cf. Teixeira, Nilson. O mercado de capitais brasileiro à luz de seus avanços e desafios. *In* Bacha, Edmar Lisboa; Oliveira Filho, Luiz Chrysostomo de (organizadores). Mercado de Capitais e Crescimento Econômico. Rio de Janeiro, Contra Capa Livraria, 2005 pp. 114 e ss.

proporcionado por modelos de negócio de "casas independentes"[2] com foco no varejo e apoiados por escritórios de agentes autônomos, consultores e assessores de investimento, os investidores pessoas físicas passam a representar parcela relevante dos consumidores de ativos de renda variável negociados em bolsa.

Segundo dados da B3 S.A. — Bolsa, Brasil, Balcão (B3), de 2002 a junho de 2020, o número de investidores pessoas físicas com cadastro na B3 saltou de 85.249 para 2.648.975[3], e a participação desse perfil de investidor no volume total transacionado foi de 23,98% (vinte e três inteiros e noventa e oito centésimos por cento) no mês de junho de 2020, ligeiramente menor que a participação dos tradicionais investidores institucionais no mesmo período, que foi de 24,16% (vinte e quatro inteiros e dezesseis centésimos por cento)[4].

Soma-se a esse cenário a tendência de desenvolvimento globalizado dos mercados financeiros motivado pela expansão de transações bancárias internacionais e alguns fatores como liberação dos fluxos internacionais de capitais, desregulamentação dos mercados financeiros, inovações financeiras e revolução na tecnologia e nas comunicações[5]. Como exemplo da globalização dos mercados, nota-se que, apenas no mês de junho de 2020, os investidores estrangeiros foram responsáveis por 46,69% (quarenta e seis inteiros e sessenta e nove centésimos por cento) do volume transacionado na B3[6].

Os brasileiros, mesmo que timidamente, também acompanham essa internacionalização do sistema financeiro. Segundo dados de 2018 do Censo de Capitais Brasileiros no Exterior divulgado pelo Banco Central, a posição em ações estrangeiras detidas por investidores residentes

[2] Jargão do mercado para instituições atuantes no mercado financeiro não controladas pelos grandes conglomerados financeiros.

[3] Histórico de pessoas físicas divulgado pela B3, disponível em http://www.b3.com.br/pt_br/market-data-e-indices/servicos-de-dados/market-data/consultas/mercado-a-vista/historico-pessoas-fisicas/, acesso em 19 de julho de 2020.

[4] Estatísticas da B3 sobre participação dos investidores, disponível em http://www.b3.com.br/pt_br/market-data-e-indices/servicos-de-dados/market-data/consultas/mercado-a-vista/participacao-dos-investidores/volume-total/2018.htm, acesso em 19 de julho de 2020.

[5] Cf. Pinheiro, Juliano Lima. Mercado de Capitais. 8ª ed. São Paulo: Atlas, 2016, p.113.

[6] Estatísticas da B3 sobre participação dos investidores, disponível em http://www.b3.com.br/pt_br/market-data-e-indices/servicos-de-dados/market-data/consultas/mercado-a-vista/participacao-dos-investidores/volume-total/2018.htm, acesso em 19 de julho de 2020.

no Brasil era de US$ 30,727 bilhões, e US$ 10,162 bilhões em títulos de renda fixa[7] — pondera-se que, em 2018, a declaração de capitais brasileiros no exterior era obrigatória apenas para pessoas físicas ou jurídicas residentes, domiciliadas ou com sede no país, que detinham, no exterior, ativos que totalizavam US$ 100 mil, ou equivalente em outras moedas[8]. Isto é, os dados não contemplam os pequenos investidores.

A disseminação da informação de forma instantânea pela internet, sobretudo pelas redes sociais, possibilita a aproximação dos investidores locais, já inseridos nos mercados financeiro e de capitais do Brasil, com o mercado internacional de valores mobiliários, especialmente o norte-americano. Esse interesse também se justificaria pelos constantes ciclos de desvalorização do real frente ao dólar, o que tornaria a "dolarização" dos investimentos não só uma alternativa com vistas à rentabilidade, mas também medida defensiva de preservação patrimonial.

Presentes forças impulsoras como mutações no desejo dos consumidores de produtos financeiros e incapacidade de mercados locais em atender completamente essas demandas, em termos de volume, prazos e preços[9], surgem atores econômicos interessados em atender a esse novo nicho de mercado por meio de ferramentas tecnológicas e veiculação de conteúdo educacional.

Há, entretanto, outro desafio associado à internacionalização dos investidores de varejo que vai além da educação financeira e do desenvolvimento tecnológico: a regulação dos mercados financeiro e de capitais do Brasil.

A possibilidade de se investir no exterior não é matéria inédita para os reguladores locais, em especial a Comissão de Valores Mobiliários (CVM). Já existem alternativas tipificadas na regulamentação vigente que permitem a exposição a ativos no exterior[10]. As alternativas exis-

[7] Cf. Brasil. Banco Central do Brasil. Posições do Investimento Direto   Investimento Direto no Exterior (IDE), disponível em https://www.bcb.gov.br/estatisticas/tabelasespeciais acesso em 27 de julho de 2020.

[8] Vide parágrafo 1º combinado com parágrafo 3º, ambos do artigo 2º da Resolução do CMN nº 3.854/10. A partir de 1º de setembro de 2020, o valor mínimo de ativos no exterior, para fins da declaração, passou a ser de US$ 1 milhão, ou seu equivalente em outras moedas, conforme alterações introduzidas pela Resolução CMN nº 4.841/20.

[9] Cf. Pinheiro, Juliano Lima. Mercado de Capitais. 8ª ed. São Paulo: Atlas, 2016, p.113.

[10] Como mais bem abordado ao longo deste trabalho, a regulamentação da CVM expressamente prevê hipóteses de exposição a ativos negociados no exterior por meio de fundos de

tentes, contudo, parecem não ser suficientes, seja porque se mostram como opções pouco atrativas, considerando aspectos como diversificação, custos e rentabilidade, porque restringem o acesso aos mercados internacionais a investidores que atendam a certos requisitos de sofisticação não alcançados pelos investidores de varejo, ou simplesmente porque continuam a ser produtos de investimento brasileiros.

O interesse do investidor pessoa física nos mercados globais parece ser crescente, considerando que diversos participantes com foco no mercado internacional têm surgido no mercado brasileiro nos últimos anos, entre os quais se destacam consultores de valores mobiliários sediados no exterior com atuação local[11] e, de especial importância para este trabalho, corretoras de valores mobiliários.

Nesse contexto, verifica-se o surgimento de corretoras de valores sediadas no exterior (*broker dealers*) com modelos de negócio apoiados por alta tecnologia que visam oferecer soluções para que o investidor pessoa física residente no Brasil possa investir seu patrimônio diretamente em ativos negociados nos mercados organizados da jurisdição onde a instituição está autorizada a funcionar. Com a internet, torna-se desnecessária qualquer presença física local para fins de prospecção e manutenção de clientes, bastando à instituição, a princípio, a observância das regras da jurisdição na qual está autorizada a funcionar.

A CVM, entretanto, emitiu os Atos Declaratórios nº 6.761/2018, 17.041/2019 e 17.590/2019 em face da atuação de instituições estrangeiras que veicularam, por meio da internet, oferta de serviços de intermediação com valores mobiliários a serem prestados no exterior direcionada a investidores residentes no Brasil, apontando que referidas instituições não estariam autorizadas "a captar clientes residentes no Brasil, por não integrarem o sistema de distribuição"[12]. Como consequência desses atos declaratórios, iniciou-se uma série de discussões entre as instituições estrangeiras e a área técnica da CVM com o objetivo

investimento, *Brazilian Depositary Receipts* e acesso a bolsas estrangeiras que disponibilizam suas telas de negociação no Brasil, através de instituição integrante do sistema de distribuição de valores mobiliários local.

[11] Cujo reconhecimento como consultor de valores mobiliários no Brasil já foi objeto de regulamentação pela CVM, por meio da Instrução nº 619, de 06.02.2020.

[12] Brasil. Comissão de Valores Mobiliários. Ato Declaratório CVM nº 16.761, de 17 de dezembro de 2018.

de se alcançar um modelo de negócio que fosse aderente à regulamentação em vigor.

A rigor, conforme será demonstrado na sequência, não existe vedação para que residentes no Brasil realizem operações de câmbio de compra de moeda estrangeira para remessas de recursos para o exterior para realização de investimentos em valores mobiliários.

A controvérsia surge quando o intermediário estrangeiro empreende esforços de prospecção desses clientes no Brasil, sobretudo por meio da internet, tema que, até fevereiro de 2021, ainda não havia sido abordado pela CVM[13] de forma conclusiva, o que veio a ocorrer em 23 de fevereiro de 2021, quando o Colegiado da CVM se manifestou em caráter definitivo sobre a matéria, reconhecendo a possibilidade de atuação dos intermediários estrangeiros, desde que observados determinados critérios[14].

As pesquisas para a elaboração do presente estudo foram realizadas previamente à manifestação, em caráter definitivo, do Colegiado da CVM, que, de certo modo, consolidou algumas das conclusões até então alcançadas pela pesquisa, especialmente no sentido da inexistência de ilegalidade de atuação do intermediário estrangeiro, observadas determinadas condições fáticas. Não obstante, o estudo foi atualizado, especialmente, em relação à análise dos critérios fixados pelo Colegiado, na decisão proferida em fevereiro de 2021.

Diante do caráter inovador do modelo de negócios em voga e do entendimento recente manifestado pelo regulador sobre o assunto, objeto da Ata de Reunião do Colegiado nº 8 de 23 de fevereiro de 2021, este trabalho tem como proposta analisar os desafios regulatórios que permeiam o acesso dos investidores de varejo residentes no Brasil aos ativos financeiros negociados nos mercados internacionais. Considerando, para tanto, um modelo por meio do qual intermediários estrangeiros empreendam esforços de prospecção de clientes no Brasil, especialmente

[13] A CVM já se manifestou em 2005 sobre utilização da internet no âmbito do exercício de atividade de intermediação com valores mobiliários, por meio dos Pareceres de Orientação e, mais recentemente, manifestou-se especificamente sobre o tema deste trabalho por meio do Memorando nº 94/2019-CVM/SMI/GME, da Ata de Reunião do Colegiado nº 40 de 22 de outubro de 2019, Memorando nº 112/2020-CVM/SMI/GME.

[14] O Colegiado da CVM voltou a se manifestar sobre o tema, agora em caráter conclusivo, decisão que foi objeto da Ata de Reunião do Colegiado nº 8 de 23 de fevereiro de 2021.

por meios *online*, em que pese a prestação de serviço ocorrer exclusivamente nas suas respectivas jurisdições.

Um dos objetivos deste estudo é, desde logo, contribuir para o estabelecimento de um juízo juridicamente embasado a respeito desse assunto, à luz dos entendimentos mais recentes da CVM (especialmente aqueles manifestados na Ata de Reunião do Colegiado nº 8 de 23 de fevereiro de 2021), a ser utilizado como subsídio na análise de regularidade da atuação dos participantes do mercado.

Busca-se, assim, alcançar uma resposta juridicamente embasada às seguintes questões: a oferta, por intermediário estrangeiro, dos serviços de intermediação com valores mobiliários estrangeiros, prestados exclusivamente no exterior a investidores residentes no Brasil, é juridicamente possível? Se sim, como deve ser conduzida?

Para responder às questões suscitadas e propor uma alternativa viável, sob a perspectiva legal e regulatória, analisar-se-á o ordenamento jurídico que disciplina o mercado de capitais, a doutrina e decisões administrativas dos reguladores, especialmente da CVM. Destaca-se, além disso, que o debate se dá no contexto do processo de inovação financeira, dado o caráter inovador do modelo de atuação do intermediário estrangeiro ora analisado.

Preliminarmente, é importante esclarecer, ainda, que o termo "intermediário estrangeiro" é empregado no presente trabalho como referência ao agente econômico sediado no exterior, sem presença física no Brasil, que tenha por objeto a atuação nos mercados de valores mobiliários da sua jurisdição de origem, intermediando operações em benefício de seus clientes, conforme as normas que lhe são aplicáveis na referida jurisdição.

Este trabalho não se propõe a adentrar nas particularidades dos regimes jurídicos estrangeiros ou, tampouco, nas especificidades normativas aplicáveis aos intermediários nas suas respectivas jurisdições, mas sim, assumindo como premissa a conformidade do intermediário às normas que lhe são aplicáveis na sua jurisdição de origem, verificar a possibilidade de prospecção de clientes no Brasil.

Este estudo está organizado em três capítulos. No primeiro, são descritas as principais características do investimento direto no exterior, mediante contratação de instituição estrangeira que empreende esforços de prospecção, bem como são expostas alternativas já previstas na regulamentação que permitem que investidores residentes no Brasil invistam nos mercados internacionais. No segundo capítulo, é analisado o arcabouço jurídico-regulatório do mercado financeiro e de capitais, especialmente as regras aplicáveis às atividades de distribuição de valores mobiliários e a atuação de intermediários por meio da internet. Na sequência, são abordadas questões relacionadas à inovação e ao avanço tecnológico em setores regulados e os parâmetros que têm pautado a atuação dos respectivos reguladores nesse contexto, bem como, são propostas diretrizes para atuação regular do intermediário estrangeiro e analisados os critérios fixados pelo Colegiado da CVM.

A metodologia adotada na pesquisa tem caráter predominantemente qualitativa, e recorreu-se ao método dedutivo como critério referencial, definido pela investigação de um fenômeno a partir de premissas universais. O fenômeno é o empreendimento de esforços de prospecção de clientes no Brasil por parte das instituições estrangeiras. Já as premissas universais são as normas positivados no ordenamento jurídico aplicável, especialmente as disposições da Lei nº 6.385/76, da Lei nº 4.728/65, das Instruções e Pareceres de Orientação da CVM, quanto às regras aplicáveis sistema de distribuição de valores mobiliários brasileiro.

Assim as constatações de cunho geral referentes à legislação e regulamentação aplicáveis ao sistema de distribuição de valores mobiliários brasileiro servem de substrato nas construções de cunho particular, isto é, a (ir)regularidade da oferta de serviços de intermediação estrangeira no país e as condições para tanto.

A pesquisa tem como base a revisão bibliográfica, cujas fontes são doutrinas jurídicas, dissertações de mestrado, teses de doutorado, artigos científicos e periódicos especializados nas áreas que circundam o tema aqui abordado, bem como jurisprudência administrativa e manifestações do regulador.

1. INVESTIMENTO NO EXTERIOR

O acesso a mercados internacionais, em si, não é uma novidade. A regulamentação do sistema financeiro já prevê hipóteses e produtos que permitem que investidores residentes no Brasil, inclusive de varejo, estejam expostos a ativos estrangeiros. É possível acessar os mercados internacionais, sem "sair" do país, por meio de fundos de investimento, *Brazilian Depositary Receipts (BDR)* e acesso às bolsas estrangeiras por meio de instituição intermediária local[15].

Além da identificação das alternativas já existentes, as quais serão descritas na segunda parte deste capítulo, é essencial delinear as características do modelo de oferta de serviços de intermediação no exterior que será aqui analisado, diferenciando-o das opções típicas e demonstrando as razões que o colocam como uma resposta inovadora e, ao mesmo tempo, desafiadora no que diz respeito à conciliação com as regras postas, especialmente àquelas aplicáveis às ofertas públicas de valores mobiliários.

O objetivo deste capítulo é, assim, descrever o modelo de atuação do intermediário estrangeiro a ser aplicado, em contraste com as alternativas para investimento no exterior já disponíveis aos residentes no Brasil, e a identificação de diferenças sensíveis entre esses modelos.

[15] Cf. NODA, Margareth. Em tese de mestrado apresentada à Faculdade de Direito da Universidade de São Paulo, sob o título "Acesso eletrônico e tendências para a intermediação no mercado de valores mobiliários". Biblioteca da Faculdade de Direito, São Paulo, 2010, p. 34.

1.1. Investimento direto no exterior

Para os fins deste trabalho, considera-se investimento no exterior, o investimento realizado por investidor residente no Brasil em valores mobiliários emitidos, registrados e negociados exclusivamente no exterior, de forma direta, isto é, sem se utilizar de instrumentos financeiros emitidos no Brasil (por exemplo, cotas de fundos de investimento ou outros valores mobiliários brasileiros, como BDR) ou telas de acesso à negociação em bolsas estrangeiras — alternativas que são descritas nas próximas seções.

O investimento direto implica a remessa de recursos para o exterior e a contratação de uma instituição estrangeira que, realizará a intermediação com valores mobiliários, fora do Brasil, conforme ordens recebidas do investidor residente no País.

Nesse contexto, apesar de as remessas e retornos de recursos estarem sujeitas às disposições regulatórias do mercado de câmbio, o serviço de intermediação em si, isto é, a realização do investimento por meio de agentes intermediadores, ocorre exclusivamente no exterior, sem mobilização do sistema de distribuição de valores mobiliários no Brasil.

Não obstante, tendo em vista que o modelo ora analisado acaba por transitar entre submatérias da regulação do mercado financeiro brasileiro, provocando certa intersecção entre o conteúdo normativo a ele aplicável, também se faz necessário um exame, em caráter preliminar, do arcabouço jurídico do mercado de câmbio, em especial das regras aplicáveis aos capitais brasileiros no exterior.

1.1.1. *Capitais brasileiros no exterior*

De acordo com o artigo 4º da Lei nº 4.595/64[16], compete ao Conselho Monetário Nacional (CMN) fixar as diretrizes e normas da política cambial, cabendo ao Banco Central (BCB), nos termos do artigo 11 e alínea "d" do inciso X, do artigo 10 da mesma Lei, atuar no sentido do funcionamento regular do mercado cambial, bem como conceder autorização às instituições financeiras para a prática de operações de câmbio.

Consoante o disposto no artigo 8º da Resolução do CMN nº 3.568/08 (que dispõe sobre o mercado de câmbio), as pessoas físicas e jurídicas

[16] Que dispõe sobre a Política e as Instituições Monetárias, Bancárias e Creditícias, Cria o Conselho Monetário Nacional e dá outras providências.

podem comprar e vender moeda estrangeira ou realizar transferências internacionais em reais, de qualquer natureza, sem limitação de valor, sendo contraparte na operação agente autorizado a operar no mercado de câmbio, observada a legalidade da transação, tendo como base a fundamentação econômica e as responsabilidades definidas na respectiva documentação.

Tem-se por "fundamentação econômica" o motivo que justifica a realização da operação de câmbio e que será indicado no respectivo contrato de câmbio, no campo "natureza da operação", de acordo com os códigos para classificação de operações no mercado de câmbio.

Nos termos do artigo 1º da Circular do BCB nº 3.689/2013 (que dispõe sobre o capital estrangeiro no País e sobre o capital brasileiro no exterior), as instituições financeiras autorizadas a operar no mercado de câmbio podem dar curso a transferência para o exterior de interesse de pessoas físicas e jurídicas residentes no Brasil, devendo, para aplicação das modalidades previstas no Título I da mencionada norma, observar disposições específicas de cada capítulo, sendo que o Capítulo III trata dos investimentos brasileiros no exterior, e sua Seção II, do investimento em portfólio.

Em que pese a mencionada Seção II estabelecer regra específica apenas a respeito do investimento na modalidade portfólio realizado por fundos de investimento[17], tendo em vista a inexistência de proibição na Circular do BCB nº 3.689/2013 e o disposto no mencionado artigo 8º da Resolução do CMN nº 3.568/08 combinado com outros dispositivos, conforme expostos na sequência, é possível aferir que essa modalidade de investimento no exterior também é permitida às pessoas físicas e jurídicas residentes no Brasil, inexistindo disposições específicas sobre investimento portfólio realizado por essas pessoas, nos termos do artigo 1º da Circular do BCB nº 3.689/2013.

A Circular do BCB nº 3.690/13[18] atribui às instituições autorizadas a operar no mercado de câmbio a responsabilidade por classificar corre-

[17] A "Seção II — Investimento em Portfólio", do Capítulo III, do Título I da Circular do BCB n 3.689/13 possui apenas um artigo, com a seguinte redação: "Art. 15. As transferências do e para o exterior em moeda nacional ou estrangeira, relativas a investimento no exterior, por parte de fundos de investimento, devem obedecer aos limites e demais normas prescritos pela CVM no exercício de suas atribuições.

[18] Que dispõe sobre a classificação das operações no mercado de câmbio.

tamente cada operação por ele cursada, de acordo com sua fundamentação econômica. A classificação da natureza da operação de câmbio, por sua vez, é feita mediante aposição de códigos específicos, sendo que cinco dos doze algarismos que compõem referidos códigos visam à indicação da natureza do fato que origina a operação de câmbio, conforme operações e códigos indicados nos Anexos I a XIII da Circular do BCB nº 3.690/13[19].

O Anexo VIII da mencionada circular estabelece os códigos de classificação de operações relativas a capitais brasileiros e, no rol de operações, encontra-se o item "mercado financeiro e de capitais" do qual constam as operações com "ações", "fundos de investimento", "*Brazilian Depositary Receipts (BDR)*", "títulos de dívida" e "derivativos", e os respectivos códigos.

Ademais, conforme determinação do artigo 1º do Decreto-Lei nº 1.060/69, regulamentado pela Resolução do CMN nº 3.854/2010, bem como do artigo 3º da Circular do BCB nº 3.689/2013, os residentes no País que possuam valores de qualquer natureza, ativos em moeda, bens e direitos fora do território nacional, inclusive investimento em portfólio[20] devem declará-los ao BCB na forma da regulamentação em vigor.

Destaca-se, ainda, que o Manual do Declarante, divulgado pelo Departamento de Estatística da Diretoria de Política Econômica do BCB[21], expressamente prevê a obrigação de declaração das "ações negociadas em bolsa" entre outros ativos como derivativos e títulos de dívida[22].

Verifica-se, assim, que as normas cambiais expressamente preveem a possibilidade de investimento em valores mobiliários estrangeiros por pessoas físicas residentes no Brasil, sem qualquer ressalva quanto a

[19] Vide artigo 4º da Circular do BCB nº 3.690/13.

[20] Vide artigo 3º, VI, da Resolução do CMN nº 3.854/10.

[21] BRASIL. Banco Central do Brasil. Capital Brasileiros no Exterior — Manual do Declarante. 2021. Disponível em https://www.bcb.gov.br/content/estabilidadefinanceira/cambiocapitais/Manuais_CBE/Manual%20CBE%20(a%20partir%20de%202017).pdf, acesso em 7 de outubro de 2021.

22 Cf. BRASIL. Banco Central do Brasil. Capital Brasileiros no Exterior — Manual do Declarante. 2020, pp. 30 e ss. Disponível em https://www.bcb.gov.br/content/estabilidade financeira/cambiocapitais/Manuais_CBE/Manual%20CBE%20(a%20partir%20de%20 2017).pdf, acesso em 21 de julho de 2020.

forma de se realizar referido investimento nos países em que tais ativos são negociados.

No mesmo sentido concluiu a área técnica da CVM, ao reconhecer que:

> (...) a regulamentação do Conselho Monetário Nacional (CMN) e do Banco Central (BCB) permite que residentes no Brasil mantenham contas no exterior, inclusive contas de investimento, estando os agentes de câmbio autorizados a realizar operações de câmbio para constituição de disponibilidades no exterior, nos termos da Resolução 3.689/2013 (...). Adicionalmente, o Decreto-Lei 1.060/1969 e a Resolução CMN 3.854/2010 estabelecem as regras que disciplinam a comunicação periódica de ativos mantidos no exterior por investidores nacionais. No rol de ativos reportáveis encontra-se o investimento em portfólio, incluindo, portanto, os valores mobiliários[23].

Esclarece-se que, a partir de 1º de setembro de 2020, a mencionada declaração de capitais brasileiros no exterior é obrigatória apenas para pessoas físicas ou jurídicas residentes, domiciliadas ou com sede no país, que detenham, no exterior, ativos que totalizem US$ 1 milhão, ou equivalente em outras moedas, nos termos do parágrafo 1º combinado com parágrafo 3º, ambos do artigo 2º da Resolução do CMN nº 3.854/10, conforme alterações introduzidas pela Resolução CMN nº 4.841/20.

Não obstante, esse montante diz respeito apenas à obrigação de declaração dos capitais mantidos no exterior e não implica imposição regulatória de qualquer limite para contratação de operações de câmbio destinadas à realização de investimentos no exterior, na modalidade portfólio, por pessoas físicas residentes no Brasil. A propósito, observada a capacidade econômica do contratante[24], não existem limites de valor para contratação de operações de câmbio oponíveis às pessoas físicas e jurídicas, de acordo com o disposto no artigo 8º da Resolução do CMN nº 3.568/08.

Nota-se, ainda, não haver na regulamentação cambial do CMN e do BCB qualquer exigência em relação à qualificação da pessoa física resi-

[23] Vide parágrafo 62 do Memorando nº 112/2020-CVM/SMI/GME.

[24] Vide artigo 139 da Circular nº 3.691/13.

dente no Brasil como investidor qualificado ou profissional, conforme critérios definidos pela CVM[25], para contratação de operações de câmbio com o objetivo de realizar investimentos na modalidade portfólio. Tampouco, o CMN ou BCB estendeu às instituições autorizadas a operar no mercado de câmbio a obrigação de verificação da adequação das operações ao perfil do cliente, a qual, por disposição do artigo 1º da Resolução CVM nº 30, deve ser observada pelos integrantes do sistema de distribuição de valores mobiliários e consultores de valores mobiliários.

Apesar de não ser competência do CMN ou do BCB estabelecer os critérios a respeito da sofisticação e capacidade financeira a que deverão satisfazer os participantes do mercado de valores mobiliários, inclusive investidores[26], matérias contidas nas atribuições da CVM[27], o CMN poderia, consoante competências atribuídas no artigo 4º da Lei 6.385/76, estabelecer regras específicas considerando critérios como o perfil dos participantes.

Nesse sentido, citamos como exemplo a Resolução do CMN nº 4.656, de 26 de abril de 2018[28], pela qual o CMN optou por permitir a aquisição dos créditos originados pelas sociedades de crédito direto (SCD) apenas às instituições financeiras, aos "fundos de investimento cujas cotas sejam destinadas exclusivamente a investidores qualificados, conforme definição da regulamentação da Comissão de Valores Mobiliários"[29] e às "companhias securitizadoras que distribuam os ativos securitizados exclusivamente a investidores qualificados, conforme definição da regulamentação da Comissão de Valores Mobiliários"[30]. Nota-se, nesse caso,

[25] Vide artigos 11 e 12 da Resolução da CVM nº 30.

[26] Entendemos que os investidores se incluem no rol de participantes do mercado de capitais, inclusive, considerando que têm direito de se manifestar em audiências públicas durante processo normativo da CVM, nos termos do artigo 27, II, da Portaria nº 327. A própria CVM lista os investidores, inclusive pessoas físicas, na relação de participantes do mercado cf. Comissão de Valores Mobiliários. Direito do mercado de valores mobiliários. 1ª ed. Rio de Janeiro: CVM, 2017, p. 304.

[27] Vide artigo 18, I, da Lei 6.385/76.

[28] Dispõe sobre a sociedade de crédito direto e a sociedade de empréstimo entre pessoas, disciplina a realização de operações de empréstimo e de financiamento entre pessoas por meio de plataforma eletrônica e estabelece os requisitos e os procedimentos para autorização para funcionamento, transferência de controle societário, reorganização societária e cancelamento da autorização dessas instituições.

[29] Vide artigo 6º, I, "b" da Resolução do CMN nº 4.656/18.

[30] Vide artigo 6º, I, "c" da Resolução do CMN nº 4.656/18.

a adoção, pelo CMN, de um critério de qualificação dos investidores para limitar a exposição aos ativos originados pelas SCD — o que não se verifica em relação às operações de câmbio.

Logo, independentemente de qualquer regra editada pela CVM nesse sentido, às pessoas físicas já é permitido, por força da regulamentação cambial, realizar remessas para o exterior com vistas a investir em valores mobiliários estrangeiros, sem quaisquer obrigações adicionais oponíveis às instituições intermediárias pelas quais o investidor residente no Brasil realiza seus investimentos no exterior — por exemplo, obrigação de registro no País.

1.1.2. *Características do modelo de oferta de serviços de intermediação por instituições estrangeiras a residentes no Brasil*

É essencial descrever, desde já, as características do modelo de oferta, no Brasil, de serviços de intermediação a ser objeto de discussão deste estudo.

O modelo parte do pressuposto de que existe uma demanda reprimida de investidores de varejo residentes no Brasil por oportunidades de investir diretamente em ações, fundos, debêntures e outros valores mobiliários emitidos, registrados e negociados nos mercados organizados de outros países, sobretudo, nos Estados Unidos. Tem-se, assim, o pressuposto econômico do modelo: demanda sem oferta.

A instituição estrangeira, devidamente habilitada e regulada em sua jurisdição de origem para atuar na intermediação de operações com valores mobiliários naquela jurisdição, nota uma oportunidade de crescimento por meio do atingimento de novos públicos (isto é, os investidores residentes no Brasil) para os quais prestará os serviços a que está autorizada na sua jurisdição de origem.

Assim, um segundo elemento do modelo é o interesse de, ativamente, atingir esse novo público, por meio de esforços ativos de venda e prospecção, inclusive, mediante divulgação pública de materiais de comunicação e marketing.

O modelo também parte da premissa regulatória de que é lícito aos investidores brasileiros, independentemente da qualificação ou sofisticação, realizar remessas para o exterior com o objetivo de investidor em valores mobiliários estrangeiros diretamente — conforme exposto na seção anterior.

O atendimento dessa demanda reprimida de investidores residentes no Brasil, aos quais é permitida a realização de investimento direto no exterior, pode ser realizado por meios online, apoiados em alta tecnologia. Isto é, todo o fluxo de abertura de contas, remessa de recursos (obviamente observando-se a regulamentação cambial) e transmissão e execução de ordens, pode ser cursado por meio de plataformas eletrônicas, sem a necessidade de presença física da instituição no Brasil.

Assim, o modelo a ser analisado é caracterizado pela existência de uma instituição estrangeira habilitada e regulada em seu país, que, estando apta e autorizada a atender clientes residentes em outras jurisdições, como o Brasil, empreende esforços de venda, isto é, promove campanhas publicitárias e outras estratégias para prospecção de clientes, com o objetivo de que estes a contratem, por meio de abertura de contas em plataformas eletrônicas por meio das quais são prestados os serviços de intermediação para compra e venda de valores mobiliários emitidos, registrados e negociados exclusivamente no exterior.

Em termos simples, o serviço é oferecido no Brasil, mas prestado exclusivamente no exterior, em relação a valores mobiliários estrangeiros e em observância as regras locais em que a instituição estrangeira está apta a atuar.

Importante esclarecer que o modelo ora analisado não se confunde com oferta pública de valores mobiliários estrangeiros no Brasil, configurando-se como mera oferta do serviço de intermediação dos valores mobiliários. A distinção entre esses dois tipos de oferta é essencial para a correta compreensão do assunto, tendo em vista a existência de regras específicas às ofertas de valores mobiliários (inclusive estrangeiros) as quais não deveriam ser aplicáveis à oferta de serviço.

A esse respeito, cabe à seção seguinte discorrer sobre os elementos caracterizadores de uma oferta de valores mobiliários estrangeiros no Brasil, com o objetivo de afastar essa hipótese do modelo ora debatido.

1.1.3. *Oferta de serviços de intermediação versus oferta pública de valores mobiliários estrangeiros*

De início, vale esclarecer que são valores mobiliários os ativos expressamente listados no artigo 2º da Lei nº 6.385/76, entre eles, ações, debêntures, bônus de subscrição, certificados de depósito de valores mobiliários, cotas de fundos de investimento, bem como quaisquer outros títulos ou contratos de investimento coletivo, ofertados publicamente, que gerem direito de participação, de parceria ou de remuneração, cujos rendimentos advêm do esforço do empreendedor ou de terceiros.[31]

Os valores mobiliários diferem de outros bens em alguns aspectos fundamentais[32]. Em primeiro lugar, eles não possuem valor intrínseco, uma vez que o seu valor depende de outros fatores (por exemplo, o valor de uma ação depende, entre outros fatores, de sua liquidez no mercado, atividades da emissora lucratividade e perspectivas de valorização futura). Além disso, segundo Eizirik:

> (...) os valores mobiliários não são bens produzidos ou fabricados para serem usados ou consumidos, mas são emitidos e depois ofertados aos investidores, que podem negociá-los no mercado secundário a preços ariáveis e por um número determinado de vezes.
>
> Em terceiro lugar, embora tenham em comum a aptidão a circular publicamente em massa devido à sua natureza fungível, os ativos considerados valores mobiliários possuem características díspares entre si, por atribuírem a seus titulares diferentes direitos e, também, por serem utilizados para diversas finalidades.[33]

Por suas características peculiares, os valores mobiliários estão disciplinados em legislação especial, uma vez que as normas gerais do direito civil e comercial não são suficientes para adquirir uma proteção efetiva aos seus adquirentes e emissores. Logo, o mercado de valores mobiliários é objeto de disciplina própria, consubstanciada, principalmente, na Lei nº 6.385/76, e na criação da CVM, que tem a finalidade de regular, disciplinar e fiscalizar esse segmento do Sistema Financeiro Nacional.[34]

[31] Cf. Artigo 2º, I a IX, da Lei nº 6.386/76.

[32] Cf. Ratner. David L. *Securities Regulation in a nutshell*, 6th Ed. St. Paul, Wests Publishing, 1998, pp. 1 a 3. *In* Eizirik, Nelson; GAAL, Ariádna B.; Parente, Flávia; Henriques, Marcus de Freitas. Mercado de capitais — regime jurídico. 3ª Edição, revista e ampliada. Rio de Janeiro: Renovar, 2011, p. 25.

[33] Eizirik, Nelson; Gaal, Ariádna B.; Parente, Flávia; Henriques, Marcus de Freitas. Mercado de capitais — regime jurídico. 3ª Edição, revista e ampliada. Rio de Janeiro: Renovar, 2011, p. 26.

[34] Eizirik, Nelson; Gaal, Ariádna B.; Parente, Flávia; Henriques, Marcus de Freitas. Mercado de capitais — regime jurídico. 3ª Edição, revista e ampliada. Rio de Janeiro: Renovar, 2011, p. 27.

Para que uma oferta de distribuição de valores mobiliários emitidos no exterior se caracterize como pública no Brasil é necessário que seja utilizado um dos meios de comunicação previstos no artigo 19, parágrafo 3º da Lei nº 6.385/76, conforme detalhamento contido no artigo 3º da Instrução 400/03, e a oferta (ou o ofertante) não se enquadre em qualquer das exceções existentes na regulamentação da CVM.[35]

Nos termos do artigo 19 da Lei nº 6.385/76, nenhuma emissão pública de valores mobiliários será distribuída no mercado sem prévio registro na CVM, considerando-se atos de distribuição a venda, promessa de venda, oferta à venda ou subscrição, assim como a aceitação de pedido de subscrição de valores mobiliários, quando os pratiquem a companhia emissora, seus fundadores ou equiparados, entre eles, as sociedades integrantes do sistema de distribuição de valores mobiliários.

A Instrução CVM nº 400/03, que regula as ofertas públicas de distribuição de valores mobiliários, elenca, ainda, os seguintes elementos caracterizadores da distribuição pública (além da prática dos atos descritos acima): (i) a utilização de listas ou boletins de venda ou subscrição, folhetos, prospectos ou anúncios, destinados ao público, por qualquer meio ou forma; (ii) a procura, no todo ou em parte, de subscritores ou adquirentes indeterminados para os valores mobiliários, mesmo que realizada através de comunicações padronizadas endereçadas a destinatários individualmente identificados, por meio de empregados, representantes, agentes ou quaisquer pessoas naturais ou jurídicas, integrantes ou não do sistema de distribuição de valores mobiliários, ou, ainda, se em desconformidade com o previsto naquela instrução, a consulta sobre a viabilidade da oferta ou a coleta de intenções de investimento junto a subscritores ou adquirentes indeterminados; (iii) a negociação feita em loja, escritório ou estabelecimento aberto ao público destinada, no todo ou em parte, a subscritores ou adquirentes indeterminados; ou (iv) a utilização de publicidade, oral ou escrita, cartas, anúncios, avisos, especialmente através de meios de comunicação de massa ou eletrônicos (páginas ou documentos na rede mundial ou outras redes abertas de computadores e correio eletrônico), entendendo-se como tal qualquer forma de comunicação dirigida ao público em geral com o fim de pro-

[35] Cf. Parecer de Orientação CVM nº 33, p. 3.

mover, diretamente ou através de terceiros que atuem por conta do ofertante ou da emissora, a subscrição ou alienação de valores mobiliários.[36]

Nota-se, desde logo, que dois elementos devem estar presentes para configuração da oferta de valores mobiliários, sendo o primeiro, a existência de esforços de venda dirigida à generalidade de indivíduos[37], e o segundo, o objetivo de obter aceitação da proposta para subscrição ou aquisição do valor mobiliário ofertado. Isto é, a adoção de um meio destinado ao alcance de um determinado fim.

Apesar de o modelo de oferta, no Brasil, de serviços de intermediação prestados no exterior implicar a adoção de meios públicos de comunicação dirigidos ao público em geral, ele se afasta da hipótese de oferta pública de valores mobiliários justamente pelo critério da finalidade. Enquanto neste, o objetivo é obter a aceitação da proposta de subscrição ou aquisição de um valor mobiliário ofertado, no modelo de oferta de serviços, a finalidade é a mera abertura de conta na plataforma, ou seja a conversão da generalidade de indivíduos em clientes da instituição, sem que isso implique qualquer aquisição de valores mobiliários ou mesmo disposição ou compromisso de disposição de recursos.

Ademais, no modelo ora em debate não há (e não deve haver, conforme detalhado ao longo deste trabalho) menção a valores mobiliários específicos. Ao invés disso, apenas publicidade de caráter educativo ou institucional do ofertante, assim entendida como produção e veiculação de conteúdos publicitários voltados exclusivamente à marca do ofertante ou eventualmente, a determinados serviços sob sua responsabilidade.

Importante ponderar, ainda, que no âmbito de ofertas públicas de valores mobiliários, a CVM considera como material publicitário institucional todos e quaisquer anúncios, propagandas, campanhas publicitárias e outros materiais da marca da emissora e não de seus produtos[38].

[36] Cf. artigo 3º da Instrução CVM nº 100/03.

[37] Não obstante à importância discussão a respeito da qualificação de uma oferta como pública ou privada, ou mesmo oferta pública, mas dispensada de registro, o tema não guarda importância relevante para o presente estudo, na medida em que o modelo ora analisado não atrai o arcabouço regulatório aplicável às ofertas de valores mobiliários. Para mais informações sobre o tema, ver Capítulo 4.3. Os elementos caracterizadores da oferta pública de distribuição de valores mobiliários, em Eizirik, Nelson; Gaal, Ariádna B.; Parente, Flávia; Henriques, Marcus de Freitas. Mercado de capitais — regime jurídico. 3ª Edição, revista e ampliada. Rio de Janeiro: Renovar, 2011, 2011. pp. 143 e ss.

[38] Cf. item 45.2 do Ofício-Circular/CVM/SRE/Nº 1/2020.

Nesse sentido, a ausência de menção a valor mobiliário específico afasta o modelo da configuração de oferta pública de valores mobiliários estrangeiros, na medida em que não se tem publicização de valor mobiliário a ser objeto de aceitação.

A própria área técnica da CVM, por meio do Memorando nº 94/2019-CVM/SMI/GME, ao analisar, em caso concreto, modelos de ofertas de serviços de intermediação no exterior, semelhantes ao ora debatido, manifestou-se no sentido de que:

> não se vislumbra nos modelos propostos a configuração de oferta de valores mobiliários, mas tão somente do serviço de intermediação de valores mobiliários, já que a oferta é limitada à abertura da conta junto ao intermediário estrangeiro, não incluindo, portanto, a proposta de investimento em valores mobiliários específicos.[39]

Entendimento que foi reiterado por meio do Memorando nº 112/2021-CVM/SMI/GME.

Assim, incontroverso que o modelo a ser analisado neste trabalho, por não se configurar como oferta pública de valores mobiliários, não atrai a aplicação das normas que disciplinam esse tipo de oferta, especialmente no que tange à obrigatoriedade de registro na CVM[40].

1.2. Alternativas já previstas na regulamentação

O objetivo da presente seção é descrever as alternativas já tipificadas na regulamentação da CVM que permitem que investidores residentes no Brasil invistam, mesmo que indiretamente, em ativos estrangeiros.

Na sequência, são analisados como os fundos de investimento, BDR e telas de acesso à negociação em bolsas estrangeiras permitem que investidores locais tenham exposição a mercados internacionais.

1.2.1. *Fundos de investimento*

O Código Civil (Lei nº 10.406/2002), conforme as alterações introduzidas pela Lei nº 13.874, de 2019, define os fundos de investimento como

[39] BRASIL. Comissão de Valores Mobiliários. Memorando nº 94/2019-CVM/SMI/GME, de 7 de janeiro de 2019, pp. 7 e seguintes.

[40] No mesmo sentido, concluiu a área técnica da CVM, conforme parágrafo 10 do Memorando nº 112/2021-CVM/SMI/GME.

uma comunhão de recursos, constituído sob a forma de condomínio de natureza especial, destinado à aplicação em ativos financeiros, bens e direitos de qualquer natureza[41], competindo à CVM, nos termos da Lei 6.385/76, disciplinar a sua constituição e funcionamento.

Os fundos são condomínios constituídos com o objetivo de promover a aplicação coletiva dos recursos de seus participantes e se constituem como mecanismo organizado e regulamentado, com a finalidade de captar e investir recursos no mercado financeiro, transformando-se numa forma coletiva de investimento, com vantagens, sobretudo, para o pequeno investidor individual.[42]

Os fundos de investimento são disciplinados, de forma geral, pela Instrução da CVM nº 555/14, que se aplica a todo e qualquer fundo de investimento registrado junto à CVM, observadas as disposições de normas específicas[43].

A Instrução da CVM nº 555/14 regulamenta, de forma específica, a constituição e funcionamento dos fundos destinados à aplicação em ativos financeiros, tais como títulos de dívida, ações (desde que a emissão ou negociação tenha sido objeto de registrou ou de autorização pela CVM), entre outros[44].

[41] Cf. Art. 1.368-C.

[42] Cf. BRASIL. Comissão de Valores Mobiliários. Mercado de valores mobiliários brasileiro. 4ª ed. Rio de Janeiro: CVM, 2019, p. 78.

[43] Cf. Art. 1º, da Instrução CVM nº 555/14.

[44] O rol completo de ativos financeiros se encontra descrito no artigo 2º, V, da Instrução CVM nº 555/14, *in verbis*: "Art. 2º Para efeitos desta Instrução, entende-se por: (...) V — ativos financeiros: a) títulos da dívida pública; b) contratos derivativos; c) desde que a emissão ou negociação tenha sido objeto de registro ou de autorização pela CVM, ações, debêntures, bônus de subscrição, cupons, direitos, recibos de subscrição e certificados de desdobramentos, certificados de depósito de valores mobiliários, cédulas de debêntures, cotas de fundos de investimento, notas promissórias, e quaisquer outros valores mobiliários, que não os referidos na alínea "d"; d) títulos ou contratos de investimento coletivo, registrados na CVM e ofertados publicamente, que gerem direito de participação, de parceria ou de remuneração, inclusive resultante de prestação de serviços, cujos rendimentos advêm do esforço do empreendedor ou de terceiros; e) certificados ou recibos de depósitos emitidos no exterior com lastro em valores mobiliários de emissão de companhia aberta brasileira; f) o ouro, ativo financeiro, desde que negociado em padrão internacionalmente aceito; g) quaisquer títulos, contratos e modalidades operacionais de obrigação ou coobrigação de instituição financeira; e h) warrants, contratos mercantis de compra e venda de produtos, mercadorias ou serviços para entrega ou prestação futura, títulos ou certificados representativos desses

A referida norma, pois, disciplina o funcionamento dos fundos de investimento classificados como fundos de renda fixa, fundos de ações, fundos cambiais, fundos multimercados e fundos de investimento em cotas de fundos de investimento (essas modalidades de fundo são chamadas, no jargão de mercado, de fundos 555 ou fundos financeiros, denominação que será adotada nos próximos parágrafos).

Há, contudo, outras modalidades de fundos objeto de regulamentação própria. Os fundos de investimento em direitos creditórios (FIDC)[45], são disciplinados pela Instrução da CVM nº 356/01 (observado o disposto na Resolução do CMN nº 2.907/01). Já os fundos de investimento imobiliários (FII)[46], instituídos pela Lei nº 8.668/93, são regidos pela Instrução CVM nº 472/08 e os fundos de investimento em participações (FIP)[47], são disciplinados, principalmente, pela Instrução CVM nº 578/16.

A título de curiosidade, vale mencionar, ainda, a promulgação da Lei nº 14.130, de 29 de março de 2021, que instituiu, como nova modalidade de fundo de investimento, os Fundos de Investimento nas Cadeias Produtivas Agroindustriais — FIAGRO, destinados à aplicação em imóveis rurais, participações em sociedades que explorem atividades da cadeia agroindustrial, ativos financeiros, títulos de crédito e valores mobiliários emitidos por agentes da cadeia agroindustrial, direitos creditórios do agronegócio, títulos de securitização emitidos com lastro em direitos

contratos e quaisquer outros créditos, títulos, contratos e modalidades operacionais desde que expressamente previstos no regulamento."

[45] Os FIDC são fundos dedicados a aplicação em direitos creditórios, assim definidos como os direitos e títulos representativos de crédito, originários de operações realizadas nos segmentos financeiro, comercial, industrial, imobiliário, de hipotecas, de arrendamento mercantil e de prestação de serviços, e os warrants, contratos e títulos referidos na Instrução CVM 356/01.

[46] Os FII são fundos destinados à aplicação em empreendimentos imobiliários, admitida a aquisição, além de imóveis, de outros ativos de natureza imobiliária, como cotas de outros FIIs, títulos de dívida imobiliária, quotas ou ações de sociedades dedicadas ao desenvolvimento de empreendimentos imobiliários, entre outros.

[47] Os FIP são fundos destinados à aquisição de ações, bônus de subscrição, debêntures simples, outros títulos e valores mobiliários conversíveis ou permutáveis em ações de emissão de companhias, abertas ou fechadas, bem como títulos e valores mobiliários representativos de participação em sociedades limitadas, que deve participar do processo decisório da sociedade investida, com efetiva influência na definição de sua política estratégica e na sua gestão.

creditórios do agronegócio, entre outros ativos relacionados ao segmento agroindustrial.

A CVM, por sua vez, de forma temporária e experimental, regulamentou o FIAGRO por meio da Resolução CVM nº 39, de 13 de julho de 2021, que, basicamente, estendeu a essa nova categoria de fundo a aplicação das normas especificas das categorias de fundos estruturados já existentes (FII, FIDC e FIP), de acordo com o tipo de ativo a ser adquirido, bem como as regras gerais sobre constituição, funcionamento, divulgação de informações e prestação de serviços para fundos de investimento. Assim, os Fundos de Investimento nas Cadeias Produtivas Agroindustriais poderão ser classificados como "FIAGRO-Imobiliário", que observarão as normas aplicáveis aos FII, "FIAGRO-Direitos Creditórios", sujeitos às normas específicas dos FIDC, e "FIAGRO-Participações", aos quais se aplicam as normas próprias dos FIP.

Os FIDC e os FII não são autorizados a aplicar recursos no exterior, conforme vedações previstas no artigo 36, III, da Instrução CVM 356/01, e artigo 35, V, da Instrução CVM 472/08, respectivamente.

Os FIP, por sua vez, podem investir, como regra geral, até 20% (vinte por cento) do seu capital subscrito em ativos no exterior, desde que tais ativos possuam a mesma natureza dos ativos passíveis de aquisição pelo fundo no Brasil, conforme descritos no artigo 5º da Instrução CVM nº 578/16[48].

Aos FIP classificados como multiestratégia e que sejam destinados exclusivamente a investidores profissionais[49] é permitido o investimento de até 100% do seu capital em ativos no exterior[50].

[48] Cf. artigo 12 da Instrução CVM nº 476/16.

[49] O artigo 11 da Resolução da CVM nº 30 estabelece que são "investidores profissionais" as instituições financeiras e demais instituições autorizadas a funcionar pelo Banco Central, companhias seguradoras e sociedades de capitalização, entidades abertas e fechadas de previdência complementar, pessoas naturais ou jurídicas que possuam investimentos financeiros em valor superior a R$ 10.000.000,00 (dez milhões de reais) e que, adicionalmente, atestem por escrito sua condição de investidor profissional, fundos de investimento, clubes de investimento, desde que tenham a carteira gerida por administrador de carteira de valores mobiliários autorizado pela CVM, agentes autônomos de investimento, administradores de carteira, analistas e consultores de valores mobiliários autorizados pela CVM, em relação a seus recursos próprios, e investidores não residentes.

[50] Cf. o parágrafo segundo do artigo 18, os FIP Multiestratégia destinado exclusivamente a investidores profissionais pode investir até 100% de seu capital subscrito em ativos emitidos

Vale ponderar, contudo, que a regulamentação dos FIP estabelece que são considerados ativos no exterior, além daqueles de emissão de empresas com sede no exterior, os ativos de emissão de sociedades com sede no Brasil, mas cujos ativos localizados no exterior correspondam a 50% ou mais daqueles constantes das demonstrações contábeis. Ademais, não são considerados ativos estrangeiros quando o emissor, embora com sede no exterior, 90% dos seus ativos estejam localizados no Brasil[51].

Os FIP, contudo, são fundos restritos a investidores qualificados[52] ou profissionais, de modo que, embora permitam exposição a ativos estrangeiros, não são produtos acessíveis aos investidores de varejo, os quais somente podem investir, indiretamente, no exterior, por meio de fundos financeiros, observado o disposto na Instrução CVM nº 555/21.

A mencionada norma define "ativos financeiros no exterior" como ativos financeiros negociados no exterior que tenham a mesma natureza econômica dos ativos financeiros no Brasil[53].

Desde que expressamente previsto em regulamento, o fundo financeiro pode realizar investimento no exterior, caso em que os ativos estrangeiros devem observar, ao menos, uma das seguintes condições: (i) ser registrado em sistema de registro, objeto de escrituração de ativos, objeto de custódia ou objeto de depósito central, em todos os casos, por instituições devidamente autorizados em seus países de origem e supervisionados por autoridade local reconhecida; ou (ii) ter sua exis-

ou negociados no exterior, desde que: I — haja previsão expressa em seu regulamento quanto à possibilidade de investimento em ativos no exterior e o respectivo percentual máximo do capital subscrito que poderá ser alocado; II — o seu regulamento seja explícito no que se refere à exclusiva participação de investidores profissionais; e III — utilize o sufixo "Investimento no Exterior" em sua denominação.

[51] Cf. artigo 12, parágrafos primeiro e segundo, da Instrução CVM nº 476/16

[52] O artigo 12 da Resolução da CVM nº 30 estabelece que são "investidores qualificados" os investidores profissionais, pessoas naturais ou jurídicas que possuam investimentos financeiros em valor superior a R$ 1.000.000,00 (um milhão de reais) e que, adicionalmente, atestem por escrito sua condição de investidor, as pessoas naturais que tenham sido aprovadas em exames de qualificação técnica ou possuam certificações aprovadas pela CVM como requisitos para o registro de agentes autônomos de investimento, administradores de carteira, analistas e consultores de valores mobiliários, em relação a seus recursos próprios, e clubes de investimento, desde que tenham a carteira gerida por um ou mais cotistas, que sejam investidores qualificados.

[53] Cf. artigo 2º, VI, da Instrução CVM nº 555/14.

tência diligentemente verificada pelo administrador ou pelo custodiante do fundo, conforme definido em regulamento, e desde que tais ativos sejam escriturados ou custodiados, em ambos os casos, por entidade devidamente autorizada para o exercício da atividade por autoridade de países signatários do Tratado de Assunção[54] ou em outras jurisdições, desde que, neste último caso, seja supervisionada por autoridade local reconhecida[55].

Apesar de admitida a exposição a ativos estrangeiros, os fundos financeiros devem observar certos limites de concentração ao aplicar em ativos no exterior.

Os fundos classificados como "Renda Fixa — Dívida Externa", fundos destinados exclusivamente a investidores profissionais, que incluam o sufixo "Investimento no Exterior" em sua denominação, e os fundos destinados a investidores qualificados que observem os requisitos previstos no parágrafo primeiro do artigo 101, da Instrução CVM nº 555/14, podem aplicar ilimitadamente em ativos estrangeiros.[56]

Aqui cabe destacar que entre os requisitos impostos aos fundos destinados a investidores qualificados, está a descrição pormenorizada dos ativos passíveis de aquisição (incluindo localização geográfica) além da observação de uma série de condições adicionais constantes do Anexo 101 da Instrução CVM nº 555/14, em relação a fundos ou veículos de investimento coletivos localizados no exterior. Apesar de elogiável a intenção do regulador de criar mecanismos de proteção e mitigação de riscos associados aos ativos estrangeiros, na prática, essas imposições se mostram excessivas, a nosso sentir, restringindo o rol de ativos estrangeiros permitidos e burocratizando o processo de investimento.

Os fundos destinados exclusivamente a investidores qualificados que não observam os requisitos mencionados acima devem observar limite de 40% do seu patrimônio líquido em reação a investimentos no exterior. Já os fundos destinados ao público em geral, isto é, investidores de varejo, estão limitados a 20% do seu patrimônio líquido.[57]

[54] Os ativos financeiros negociados em países signatários do Tratado de Assunção equiparam-se aos ativos financeiros negociados no mercado nacional (cf. artigo 100, da Instrução CVM nº 555/14).

[55] Cf. artigo 98, da Instrução CVM nº 555/14.

[56] Cf. artigo 101, da Instrução CVM nº 555/14.

[57] Cf. artigo 101, da Instrução CVM nº 555/14.

Vale mencionar, ainda, que em 20 de setembro de 2019, foi publicada a Lei nº 13.874 (Lei de Liberdade Econômica), que, entre outras matérias, alterou o tratamento legal dos fundos de investimento no Brasil, acrescentando capítulo específico sobre o tema no Código Civil (artigos 1.368-C e seguintes), com o objetivo de "aproximar o mercado local de práticas mais comuns nos mercados mais desenvolvidos"[58].

A nova lei introduziu novidades importantes no ordenamento brasileiro, como a limitação de responsabilidade de cada investidor ao valor de suas cotas, limitação de responsabilidade dos prestadores de serviço do fundo (gestores, administradores entre outros) e possibilidade de emissão de diferentes classes de cotas com direitos e obrigações distintos, sendo possível constituir patrimônios segregados para cada classe (estrutura semelhante aos *segregated portfolio funds* típicos em países de legislação de *common law)* e a aplicação do regime de insolvência. A aplicabilidade das novas estruturas, contudo, depende de regulamentação pela CVM.

Nesse sentido, a CVM submeteu à audiência pública, por meio do Edital de Audiência Pública SDM Nº 08/20, minuta de norma que tem por objetivo modernizar a regulação dos fundos de investimento brasileiros (a nova norma alcança apenas aos fundos financeiros e aos FIDC), dedicando-se, em larga medida, a repercutir e sistematizar as inovações introduzidas pela Lei da Liberdade Econômica, propondo, ainda, outras alterações oportunas no cenário atual da indústria de fundos, entre elas, a possibilidade de fundos financeiros destinados a público em geral poderem aplicar a totalidade de seus recursos no exterior.

Na visão da CVM, a possibilidade de aplicação em ativos estrangeiros por fundos destinados ao público em geral deve ser flexibilizada, de modo complementar à flexibilização do mercado de BDR. Assim, a minuta de norma permite a aplicação ilimitada no exterior, desde que observados alguns requisitos adicionais ao Anexo 101 da Instrução CVM nº 555/14.

Basicamente, a nova norma propõe que a política de investimentos de fundos destinados ao público em geral pode extrapolar o limite ordinário de concentração (20% do patrimônio líquido), desde que todos os

[58] Cf. BRASIL. Comissão de Valores Mobiliários. Edital de Audiência Pública SDM Nº 08/20. 2020, p1.

seus sistemas de negociação, deve obter prévia autorização da CVM, que será concedida, desde que a bolsa estrangeira atenda a determinados requisitos, como estar devidamente autorizado a operar como tal em seu país de origem e os requisitos exigidos para autorização e funcionamento de bolsas no país de origem do pretendente sejam equivalentes aos aplicáveis às bolsas brasileiras, conforme requisitos descritos na Instrução CVM nº 461/07.

Os investidores qualificados residentes no Brasil, assim, poderiam negociar ativos nas bolsas estrangeiras autorizadas a disponibilizar suas telas no Brasil, a partir das suas contas abertas junto a intermediários locais. Em termos simples, por meio de seu agente de intermediação e custódia no Brasil, o investidor teria acesso, às cotações e livro de ordens bem como poderia transmitir ordens de compra e venda dos ativos negociados no exterior.

A propósito, necessário se faz uma análise mais detida a respeito disponibilização de telas de acesso à negociação em bolsas estrangeiras, nos moldes das Instrução da CVM nº 461/07[66], *vis-à-vis* o modelo de atuação do intermediário estrangeiro ora analisado, especialmente porque o tema já foi objeto de questionamento por parte do Colegiado da CVM[67].

No modelo já regulado pela CVM cabe à bolsa estrangeira a legitimidade para requerer autorização, na medida em que esta é a interessada em disponibilizar telas de acesso aos seus ambientes de negociação no Brasil, o que seria feito por meio de instituições integrantes do sistema de distribuição brasileiro[68].

Trata-se de intermediação de ativos negociados em mercados estrangeiros por instituição integrante do sistema de distribuição de valores

[66] A Instrução CVM nº 461/07 trata, entre outros temas, da instalação no Brasil de telas de acesso aos sistemas de negociação de bolsa estrangeira, através de instituições integrantes do sistema de distribuição brasileiro, por iniciativa da bolsa estrangeira. Para tanto, necessário é a concessão de autorização da CVM, através de procedimento próprio previsto nos artigos 67 e seguintes daquela Instrução.

[67] Na reunião realizada em 22 de outubro de 2019, o Colegiado da CVM, ao analisar o tema ponderou se a eventual admissão da oferta dos serviços pelos intermediários estrangeiros a investidores em geral poderia significar incoerência regulatória, tendo em vista as disposições da Instrução CVM nº 461/07 que tratam da disponibilização, por meio de intermediário brasileiro, de telas de acesso à negociação em bolsas estrangeiras, notadamente em virtude da restrição de tal acesso a investidores qualificados.

[68] Vide artigos 67 e seguintes da Instrução CVM nº 461/07.

mobiliários brasileiro. Isto é, o serviço de intermediação, em si, é prestado no Brasil, consoante as regras locais, por instituição autorizada a funcionar neste país, em que pese o ativo ser negociado em ambiente estrangeiro, ao qual a instituição brasileira tem acesso direto.

No modelo do intermediário estrangeiro sob análise não há disponibilização de telas de acesso à negociação em bolsas estrangeiras no Brasil, vez que o intermediário responsável pela disponibilização das telas e sistemas prestaria seus serviços exclusivamente a partir da sua jurisdição de origem, sem presença no País. Os efeitos da atuação da instituição estrangeira no Brasil estão relacionados apenas à oferta dos serviços de intermediação visando à prospecção de clientes para abertura de contas para acesso à sua plataforma eletrônica. Uma vez aberta a conta na plataforma do intermediário estrangeiro e realizada a remessa dos recursos a serem utilizados para aquisição dos ativos[69], os serviços de intermediação são prestados aos clientes residentes no Brasil da mesma maneira que o são em relação ao demais usuários da instituição estrangeira, independente das respectivas residências, isto é, exclusivamente no exterior.

Nesses casos, para os fins da Instrução CVM nº 461/07, as telas não estariam sendo disponibilizadas no Brasil, mas na jurisdição na qual a instituição estrangeira é autorizada a funcionar. Face às diferenças mencionadas, parece não haver qualquer incoerência regulatória na coexistência entre os dois modelos.

Na prática, contudo, em que pese o interesse crescente dos investidores e a intenção do regulador em criar um canal, na data de elaboração deste trabalho, não se tem notícia de nenhuma bolsa estrangeira relevante aderente ao modelo.

[69] Cf. seção 1.1.

2. REGULAÇÃO DO MERCADO DE CAPITAIS E A LEGALIDADE DA ATUAÇÃO DO INTEMEDIÁRIO ESTRANGEIRO

Com base no que foi discorrido no Capítulo 1, o objetivo deste capítulo é responder à primeira questão que motiva a produção deste trabalho, qual seja: a oferta, por intermediário estrangeiro, de serviços de intermediação com valores mobiliários estrangeiros, prestados exclusivamente no exterior, a investidores residentes no Brasil por meio da internet é juridicamente possível, face à legislação e regulamentação do País?

A questão suscitada foi objeto de ponderação do Colegiado da CVM[70] primeiramente em 2019, ocasião em que requisitou à área técnica que, entre outros pontos, averiguasse se a atuação do intermediário estrangeiro na forma proposta seria legal, face à previsão do artigo 16 da Lei nº 6.385/76, o que culminou com a edição do Memorando nº 112/2020-CVM/SMI/GME, cujas conclusões foram objeto de deliberação do Colegiado da CVM em fevereiro de 2021 (o que é mais bem abordado no Capítulo 3).

Apesar de as principais indefinições sobre a regularidade do modelo ora debatido residirem nas regras que disciplinam o mercado de capitais, dada a competência da CVM para regulamentar o sistema de distribuição de valores mobiliários e seus participantes, verifica-se que as

[70] BRASIL. Comissão de Valores Mobiliários. Ata de Reunião do Colegiado nº 40 de 22 de outubro de 2019.

regras aplicáveis ao mercado de câmbio, que permitem a realização de investimentos no exterior, geram uma "zona cinzenta", no que se refere à inserção do modelo no ordenamento jurídico brasileiro, vez que existe a permissão para que residentes no Brasil invistam diretamente no exterior, porém, não há previsões regulamentares a respeito da possibilidade de oferta desses serviços no país.

A bem da verdade, a própria área técnica da CVM reconhece como legal a realização de investimentos no exterior, conforme manifestação no Memorando nº 94/2019-CVM/SMI/GME:

> (...) a capacidade de processamento de dados e a velocidade e forma de utilização da rede mundial de computadores sofreram alterações significativas desde a edição dos Pareceres 32 e 33. Nessa realidade, o acesso ao investimento no exterior, que parece ser crescentemente do interesse do público investidor brasileiro, tornou-se muito mais simples. *Não há restrição legal para esse tipo de investimento, e, de fato, há é possível — e relativamente simples — abrir contas diretamente em corretoras sediadas no exterior, já que são diversas as instituições que aceitam a abertura de conta online* (com nossos destaques)[71].

O entendimento externado acima foi ratificado pela área técnica, por meio do Memorando nº 112/2020-CVM/SMI/GME.

Essa permissão encontra paralelo na legislação norte-americana, tendo em vista que a *Rule15a-6*, da *Securities and Exchange Commission — SEC*, permite que intermediários estrangeiros realizem transações em benefício de investidores residentes nos Estados Unidos, independentemente de registro do intermediário junto aos órgãos reguladores norte-americanos, quando referidas transações não forem "solicitadas" pelos intermediários, isto é, não forem resultantes de esforços de prospecção[72].

[71] BRASIL. Comissão de Valores Mobiliários. Memorando nº 94/2019-CVM/SMI/GME, de 07 de janeiro de 2019, pp. 5 e seguintes.

[72] "*§ 240.15a-6 Exemption of certain foreign brokers or dealers.*
(a) A foreign broker or dealer shall be exempt from the registration requirements of sections 15(a)(1) or 15B(a)(1) of the Act to the extent that the foreign broker or dealer:
(1) Effects transactions in securities with or for persons that have not been solicited by the foreign broker or dealer;"

A controvérsia em debate neste trabalho, isto é, a "zona cinzenta" em que se insere o modelo de investimento direto no exterior, surge quando a instituição estrangeira responsável pela intermediação dos referidos valores mobiliários empreende esforços de prospecção direcionados a investidores residentes no Brasil, para contratação de seus serviços, mesmo que estes sejam prestados exclusivamente no exterior e em observância das regras aplicáveis na jurisdição de origem.

Em suma, o investidor pode ir livremente até o intermediário estrangeiro (*"non-solicited transaction"*), tema incontroverso inclusive para a CVM, conforme se mostrou acima, mas não fica claro se este poderia ir até o investidor, por meio da oferta de seus serviços.

Ressalta-se, que mesmo em relação a matérias já regulamentadas, por exemplo, o mercado de câmbio e o sistema de distribuição de valores mobiliários (em especial a atividade de intermediação), pode haver mecanismos pelos quais, dentro da regulamentação posta, é possível se sobrepor ao conteúdo normativo sem ferir a essência da regulamentação[73].

É natural a existência de lacunas ou "zonas cinzentas" que possibilitem a abertura de caminhos dentro das regras postas, sem infringi-las, tendo em vista que o mercado é muito mais imaginativo do que o regulador pretende ser. Nesse sentido, para responder à questão pontuada acima, é importante entender qual a natureza do serviço que o intermediário estrangeiro presta no Brasil, a fim de verificar a que tipo de regras ele estaria sujeito.

Para tanto, no caso de oferta de serviços por meio da internet, como é o modelo sob análise, além das instruções editadas pela CVM, deve-se analisar, também, as regras estabelecidas nos Pareceres de Orientação, atos administrativos praticados pela CVM os quais também são objeto de análise das seções abaixo.

Outrossim, na sequência deste capítulo são analisados, os aspectos relacionados à estrutura e regulação do mercado de capitais do Brasil, bem como as disposições legais e regulatórias aplicáveis ao sistema de distribuição de valores mobiliários, cujas regras têm importância umbi-

73 Saddi, Jairo. Crise e regulação, inovação financeira e algoritmos. In Nusdeo, Fabio (coordenador). O Direito Econômico na Atualidade. São Paulo: Editora Revista dos Tribunais, 2015, p. 75.

lical para a verificação da regularidade do modelo sob análise[74]. Também serão objeto de análise os Pareceres de Orientação, tanto no que se refere à sua natureza jurídica quanto aos seus aspectos materiais.

2.1. Mercado de capitais e regulação

Na economia de mercado, o sistema financeiro tem por função prover os canais adequados pelos quais os agentes econômicos deficitários (isto é, aqueles cujas pretensões de investimento excedem sua capacidade de geração de poupança) obtêm os recursos de que necessitam para seus projetos e os agentes superavitários (aqueles cuja capacidade de poupança supera suas necessidades de investimento) aplicam suas poupanças com objetivo de obter ganhos pela disposição do capital[75].

No entendimento de Jairo Saadi "não há um país desenvolvido sem um bom Sistema Financeiro, o que implica que também não há país nessa situação sem um bom sistema legal e judicial."[76] Na mesma linha, Nelson Eizirik e Carlos Rocca afirmam que taxas mais altas de crescimento econômico são observadas em países cujos sistemas financeiros são mais desenvolvidos[77].

A doutrina brasileira[78] tradicionalmente divide o sistema financeiro em quatro subsistemas: o mercado de crédito[79] (ou, para Otavio

[74] Isto é, prestação de serviços de intermediação exclusivamente no exterior a clientes de varejo (pessoas físicas) residentes no Brasil, mediante prospecção ativa dos referidos clientes no País.

[75] EIZIRIK, Nelson; GAAL, Ariádna B.; PARENTE, Flávia; HENRIQUES, Marcus de Freitas. Mercado de capitais — regime jurídico. 3ª Edição, revista e ampliada. Rio de Janeiro: Renovar, 2011, p. 2.

[76] SADDI, Jairo. Crise e regulação, inovação financeira e algoritmos. *In* NUSDEO, Fabio (coordenador). O Direito Econômico na Atualidade. São Paulo: Editora Revista dos Tribunais, 2015, pp.72.

[77] ROCCA, Carlos A. Mercado de Capitais Eficiente: Condições para o Crescimento Sustentado, XVI Fórum Nacional de Economia do Conhecimento, Crescimento Sustentado e Inclusão Social. Rio de Janeiro, mai. 2000, p.14. *In* EIZIRIK, Nelson; GAAL, Ariádna B.; PARENTE, Flávia; HENRIQUES, Marcus de Freitas. Mercado de capitais — regime jurídico. 3ª Edição, revista e ampliada. Rio de Janeiro: Renovar, 2011, 2011. p. 3.

[78] EIZIRIK, Nelson. Reforma das S.A. e do Mercado de Capitais. 2ª ed. Rio de Janeiro: Renovar, 1998, p. 161.

[79] Mercado em que são realizadas as operações bancárias típicas, mediante intermediação financeira, pela qual a instituição financeira atua como credor e devedor, isto é, capta recursos junto a terceiros e deles se apropria, como se fossem próprios, tornando-se devedora

Yazbek[80], "mercado financeiro em sentido estrito" ou "mercado bancário"), o mercado monetário[81], o mercado de câmbio[82], o qual também guarda importância para este trabalho, conforme descrito na seção anterior, e o mercado de capitais (ou mercado de valores mobiliários), que é o foco da presente análise.

O termo "mercado", por sua vez, deve ser entendido não apenas como um conjunto de operações, mas "sim uma realidade mais complexa, que integra as operações, os agentes e o arcabouço normativo, assim como toda a infraestrutura existente"[83].

Tanto o mercado financeiro em sentido estrito quanto o mercado de capitais, como subsistemas do sistema financeiro, têm por função econômica essencial mobilizar e canalizar recursos para atividades produtivas, ou seja, "transformar poupança (excedente não consumido) em investimento."[84]

Diferentemente do mercado financeiro em sentido estrito, em que essa canalização ocorre por meio da intermediação financeira que se coloca entre o investidor e o beneficiário do investimento, configu-

destes terceiros (operação passiva), e o transferem a agentes econômicos mediante cobrança de juros, tornando-se credora de tais agentes econômicos (operação ativa). A remuneração na intermediação financeira é o *spread,* a diferença entre as taxas de juros pagas nas operações passivas e cobradas nas operações ativas (Eizirik, Nelson; Gaal, Ariádna B.; Parente, Flávia; Henriques, Mercado de capitais — regime jurídico. 3ª Edição, revista e ampliada. Rio de Janeiro: Renovar, 2011, pp. 3 e 4.)

80 Yazbek, Otavio. Regulação do mercado financeiro e de capitais. Rio de Janeiro: Elsevier, 2007, p. 132.

81 Segundo Otavio Yazbek, "no mercado monetário, o governo, pelos instrumentos de que dispõe (ai incluídas as operações de mercado aberto), realiza as atividades típicas de política monetária, controlando os meios de pagamento e a liquidez da economia" acrescenta, ainda, que as operações compromissadas e os empréstimos interbancários (CDIs) também integram o mercado monetário. Cf. Yazbek, Otavio. Regulação do mercado financeiro e de capitais. Rio de Janeiro: Elsevier, 2007. p. 133.

82 É o mercado no qual são realizadas as operações de troca de moedas, mediante compra e venda sempre com a participação de instituições financeiras autorizadas pelo BCB, que se destinam a viabilizar o fluxo de capitais para dentro e fora do Brasil. Cf. Eizirik, Nelson; Gaal, Ariádna B.; Parente, Flávia; Henriques, Marcus de Freitas. Mercado de capitais — regime jurídico. 3ª Edição, revista e ampliada. Rio de Janeiro: Renovar, 2011, p. 8.

83 Yazbek, Otavio. Regulação do mercado financeiro e de capitais. Rio de Janeiro: Elsevier, 2007. p. 53.

84 Yazbek, Otavio. Regulação do mercado financeiro e de capitais. Rio de Janeiro: Elsevier, 2007. p. 132.

rando-se, tanto na operação passiva quanto ativa, contrapartes dos seus clientes[85], no mercado de capitais, a relação de financiamento se constitui diretamente entre o provedor dos recursos (investidor) e o beneficiário, a partir da emissão, pelo último, de valores mobiliários (como ações e debêntures), adquiridos pelo primeiro. Destaca-se que também nesse mercado são criadas estruturas de intermediação, tanto para as movimentações financeiras quanto para permitir a aproximação eficiente entre os agentes. Nesses casos, contudo, os intermediários são meros intervenientes (e não mais contrapartes), prestando serviços de aproximação (corretagem, por exemplo), de representação ou de liquidação de operações para seus clientes[86].

Nas palavras de Roberto Quiroga Mosquera, contrapondo-se ao mercado financeiro em sentido estrito, tem-se no mercado de capitais um mercado de "desintermediação bancária"[87].

Assim, pode-se definir o mercado de capitais como o mercado em que:

> são realizadas as operações de longo prazo ou de prazo indeterminado, destinadas ao financiamento das atividades empresariais, assim como processos de securitização, permissivos do "alongamento do perfil" das dívidas das empresas — conforme a natureza da operação e as finalidades pretendidas, podem dela participar bancos de investimento, instituições de fomento (como o BNDES[88]) e sociedades corretoras e distribuidoras[89].

Vale mencionar, ainda, que há no mercado de capitais dois segmentos distintos: o mercado primário e o mercado secundário.

A finalidade principal de canalização de recursos é atendida no primeiro segmento, pelo qual os agentes deficitários acessam a poupança

[85] Vide nota de rodapé número 36.

[86] Yazbek, Otavio. Regulação do mercado financeiro e de capitais. Rio de Janeiro: Elsevier, 2007. p. 132.

[87] Mosquera, Roberto Quiroga. Os princípios informadores do direito do mercado financeiro e de capitais. *In* Mosquera, Roberto Quiroga (coord.). Aspectos Atuais do Direito do Mercado Financeiro e de Capitais. São Paulo: Dialética, 1999, p. 260.

[88] Banco Nacional de Desenvolvimento Econômico e Social.

[89] Yazbek, Otavio. Regulação do mercado financeiro e de capitais. Rio de Janeiro: Elsevier, 2007. p. 134.

popular mediante emissão e oferta pública de valores mobiliários de sua emissão, os quais serão subscritos pelos investidores (agentes superavitários)[90].

Já no mercado secundário não há ingresso de novos recursos para os emissores, inexistindo emissão de novos títulos. As operações e, por sua vez, os fluxos financeiros delas decorrentes ocorrem sempre entre os investidores, sem vinculação com o emissor do valor mobiliário negociado. A função essencial do mercado secundário é conferir liquidez aos valores mobiliários, permitindo que seus adquirentes possam aliená-los rapidamente[91].

As atividades desempenhadas no âmbito do mercado de capitais, assim como as atividades bancárias e securitárias, são tipicamente exploradas por agentes privados e, desde sempre, foram objeto de regulamentação e controle pelo Estado[92].

Trata-se de atividade em que se desenvolve "atividade econômica em sentido estrito"[93], em que o Estado não tende a atuar diretamente, mas sobre a qual ele pode intervir, por meio da regulação (veja seção 3.1). Configura-se, pois, intervenção estatal no domínio econômico, pela qual o Estado atua como agente normativo e regulador[94].

Importante ponderar que a regulação de determinada atividade econômica não pode ser vista como manifestação estatal no sentido de eliminar tal mercado, mas como instrumento pelo qual o Estado procura impor determinados limites de atuação. Referidos limites devem ser pautados na ordem econômica, conforme previsto na Constituição Federal, cujo artigo 170 determina que a ordem econômica é fundada na valorização do trabalho humano e na livre iniciativa e deve observar

[90] EIZIRIK, Nelson; GAAL, Ariádna B.; PARENTE, Flávia; HENRIQUES, Marcus de Freitas. Mercado de capitais — regime jurídico. 3ª Edição, revista e ampliada. Rio de Janeiro: Renovar, 2011, p. 10.

[91] EIZIRIK, Nelson; GAAL, Ariádna B.; PARENTE, Flávia; HENRIQUES, Marcus de Freitas. Mercado de capitais — regime jurídico. 3ª Edição, revista e ampliada. Rio de Janeiro: Renovar, 2011, p. 10.

[92] YAZBEK, Otavio. Regulação do mercado financeiro e de capitais. Rio de Janeiro: Elsevier, 2007. p. 179.

[93] GRAU, Eros Roberto. A Ordem Econômica na Constituição de 1988 (interpretação crítica). São Paulo: Malheiros, 1998, pp. 146.

[94] Cf. PEREIRA DE SOUZA, Sérgio Augusto G. Premissas de direito econômico. Belo Horizonte: Fórum, 2009, p. 66.

alguns princípios, entre eles o da livre concorrência e da proteção ao consumidor[95].

Pode-se dizer que a livre iniciativa é direito fundamental do indivíduo de exercer livremente qualquer atividade econômica lícita. Referido princípio se coaduna com os direitos fundamentais insculpidos nos incisos XIII (liberdade de exercício de qualquer trabalho) e XVII (liberdade de associação para fins lícitos) do artigo 5º da Constituição Federal.

A livre iniciativa é, desde logo, a regra, sendo a intervenção no domínio econômico e, portanto, limitação do alcance da livre iniciativa, exceção — a qual deve ser exercida com base nos demais princípios da ordem econômica, bem como nos corolários que guiam a atuação da administração pública (os quais são abordados ao longo deste trabalho).

O artigo 192 da Constituição Federal[96], ao tratar do Sistema Financeiro Nacional, conecta-se diretamente com o mencionado artigo 170 e, em especial, com os princípios previstos nos seus incisos II e III (propriedade privada e função social da propriedade) ao vislumbrar um sistema financeiro como instrumento de promoção do desenvolvimento equilibrado do país, a serviço dos interesses da coletividade[97].

No Brasil, a estrutura básica dos órgãos de regulação no Sistema Financeiro Nacional encontra-se prevista nas Leis nº 4.595/64, que criou o Conselho Monetário Nacional e o Banco Central do Brasil, e nº 6.385/76, que criou a CVM[98].

[95] Pereira de Souza, Sérgio Augusto G. Premissas de direito econômico. Belo Horizonte: Fórum, 2009, pp. 14 e ss.

[96] *In verbis:* "Art. 192. O sistema financeiro nacional, estruturado de forma a promover o desenvolvimento equilibrado do País e a servir aos interesses da coletividade, em todas as partes que o compõem, abrangendo as cooperativas de crédito, será regulado por leis complementares que disporão, inclusive, sobre a participação do capital estrangeiro nas instituições que o integram."

[97] Cf. Pereira de Souza, Sérgio Augusto G. Premissas de direito econômico. Belo Horizonte: Fórum, 2009, p. 50.

[98] Embora não guardem afinidade com o objeto do presente estudo, vale mencionar que, sob uma ótica mais abrangente, deve-se levar em conta, ainda, órgãos como o Conselho Nacional de Seguros Privados (CNSP) e a Superintendência de Seguros Privados (SUSEP), criados pelo Decreto-Lei nº 73/1966, e a Secretaria de Previdência Complementar (SPC), cujas atividades são atualmente disciplinadas pela Lei Complementar nº 109/2001. Vale mencionar, também, o Conselho de Recursos do Sistema Financeiro Nacional (CRSFN), ou "conselhinho", que, embora não seja propriamente um órgão de regulação, é o órgão responsável pela revisão das decisões condenatórias proferidas pelo BCB e CVM.

Compete ao CMN atividades deliberativas e normativas referentes à administração da moeda, à conformação dos mercados sob a sua tutela, incluindo o mercado financeiro em sentido estrito (mercado de crédito), o mercado de capitais e o mercado de câmbio, bem como às atividades permitidas aos intermediários financeiros, nos termos dos artigos 3º e 4º da Lei nº 4.595/64, artigos 3º e 4º da Lei nº 6.385/76 e outros dispositivos específicos.

O CMN é, assim, entidade deliberativa e normativa, por definição, cabendo à CVM e ao BCB realizar, sobretudo, os atos de execução das regras e políticas definidas pelo CMN, respeitadas as respectivas esferas de competência. Em termos gerais, o BCB é competente para regular as atividades bancárias e creditícias, enquanto a CVM, por sua vez, tem como mister a regulação do mercado de valores mobiliários[99].

Em que pese a importância do papel do BCB como agente regulador do mercado de câmbio, tema abordado na seção 1.1.1 acima, é na regulação exercida pela CVM que reside os principais temas de análise para os fins deste trabalho. Por essa razão, não se busca aqui o aprofundamento sobre as matérias, competências e particularidades da função regulatória do BCB, além daquilo que já foi abordado em relação aos capitais brasileiros no exterior.

A CVM é, nos termos do artigo 5º da Lei nº 6.385/76, conforme redação dada pela Lei nº 10.411/02, entidade autárquica vinculada ao Ministério da Fazenda (atual Ministério da Economia), dotada de personalidade jurídica, com as finalidades previstas na Lei nº 6.385/76, na Lei nº 6.404/76 e no seu regimento interno, conforme aprovado pela Portaria do Ministério da Fazenda nº 327, de 11/07/1977 e publicada no Diário Oficial da União de 12/07/1977 (Portaria nº 327).

Cabe destacar que a função da CVM como agente regulador e fomentador do mercado de capitais é papel que lhe é reservado em decorrência do artigo 174[100] da Constituição Federal, dispositivo que trata da atuação do Estado na atividade econômica.

[99] Cf. YAZBEK, Otavio. Regulação do mercado financeiro e de capitais. Rio de Janeiro: Elsevier, 2007. p. 200.

[100] *In verbis:* "Art. 174. Como agente normativo e regulador da atividade econômica, o Estado exercerá, na forma da lei, as funções de fiscalização, incentivo e planejamento, sendo este determinante para o setor público e indicativo para o setor privado."

Nessa esteira, as principais atribuições da CVM são fiscalizar, normatizar, disciplinar e desenvolver o mercado de valores mobiliários, podendo, para tanto, instaurar e julgar processos administrativos sancionadores e impor penalidades aos infratores da Lei 6.385/76 e da Lei nº 6.404/76[101].

Vale esclarecer, ainda, que como autarquia, a CVM integra a administração pública indireta[102], e como tal, deve obedecer aos princípios constitucionais da administração pública, entre eles o da legalidade, conforme previsão do artigo 37 da Constituição Federal, segundo o qual a administração pública "só pode fazer o que a lei permite"[103]. No direito positivo brasileiro, além do mencionado artigo 37, o princípio da legalidade também está contido no artigo 5º, inciso II da Constituição. Em decorrência disso, a administração pública "não pode, por simples ato administrativo, conceder direitos de qualquer espécie, criar obrigações ou impor vedações aos administrados; para tanto, ela depende de lei"[104].

À autarquia incumbe, sempre em observância aos princípios da administração pública, regulamentar e fiscalizar não apenas as atividades das companhias emissoras de valores mobiliários, mas especialmente dos intermediários que operam sob a sua esfera de competência, sendo todos esses agentes relacionados no Capítulo III da Lei 6.385/76, que disciplina o sistema de distribuição de valores mobiliários, cujas funções confundem-se com as finalidades primordiais do mercado de capitais[105].

Além disso, importante ressaltar que o parágrafo primeiro, do artigo 9º, da Lei nº 6.385/76 atribuiu à CVM competência preventiva, ao conferir poderes para prevenir ou corrigir situações anormais de mercado, conforme definidas na Resolução do CMN nº 702, de 26 de agosto de 1981, podendo, nesses casos adotar certas medidas, entre elas suspensão

[101] Cf. BRASIL. Comissão de Valores Mobiliários. Direito do mercado de valores mobiliários. 1ª ed. Rio de Janeiro: CVM, 2017, p. 301.

[102] Cf. Di Prieto, Maria Sylvia Zanella. Direito administrativo. 25. ed. São Paulo: Atlas, 2012, p. 478.

[103] Di Prieto, Maria Sylvia Zanella. Direito administrativo. 25. ed. São Paulo: Atlas, 2012, p. 65.

[104] Di Prieto, Maria Sylvia Zanella. Direito administrativo. 25. ed. São Paulo: Atlas, 2012, p. 65.

[105] Cf. Codorniz, Gabriela; Patella, Laura (coord.). Comentários à Lei do Mercado de Capitais — Lei nº 6.385/76. São Paulo: Quartier Latin, 2015, p. 346.

ou cancelamento de registros de que trata a Lei nº 6.385/76, divulgar informações ou recomendações, com o fim de esclarecer ou orientar os participantes do mercado e proibir aos participantes do mercado, sob cominação de multa, a prática de atos que especificar, prejudiciais ao seu funcionamento regular[106].

Imperioso delinear de forma cristalina a "esfera de competência" da CVM, a fim de verificar se nela estaria englobada a atuação do intermediário estrangeiro, conforme modelo debatido neste trabalho. Para tanto, passa-se a analisar dois aspectos: as atividades reguladas no âmbito do sistema de distribuição e a competência territorial da CVM considerando o uso da internet na intermediação de operações com valores mobiliários.

2.2. Sistema de distribuição de valores mobiliários e o uso da internet

De modo geral, é possível afirmar que o sistema de distribuição foi concebido como estrutura no âmbito da qual ocorrem os processos de emissão, distribuição e negociação de valores mobiliários, sendo que a base do referido sistema reside, de forma nítida, nas atividades de intermediação de valores mobiliários. Por esse motivo, a estrutura engloba tanto os intermediários (tipicamente, os bancos de investimento, corretoras e distribuidoras de valores mobiliários) quanto os mercados (bolsa e balcão) onde ocorre a intermediação[107].

Ao tratar dos intermediários que integram o sistema de distribuição de valores mobiliários, o artigo 15 da Lei nº 6.385/76 se refere tanto àqueles que atuam diretamente distribuindo valores mobiliários objeto de ofertas públicas[108] (primárias e secundárias), atividade de

[106] A propósito, a emissão de atos declaratórios pela CVM, inclusive os emitidos em face da atuação dos intermediários estrangeiros (atos declaratórios nº 16.761, de 17 de dezembro de 2018, nº 17.041, de 29 de março de 2019 e nº 17.590, de 21 de dezembro de 2019), encontram fundamento formal no artigo 9º, parágrafo 1º, incisos III e IV, da Lei nº 6.385/76.

[107] Cf. Codorniz, Gabriela; Patella, Laura (coord.). Comentários à Lei do Mercado de Capitais — Lei nº 6.385/76. São Paulo: Quartier Latin, 2015, pp. 344 e 345.

[108] O inciso I do artigo 15 da Lei nº 6.385/76 se refere às "instituições financeiras e demais sociedades que tenham or objeto distribuir emissão de valores mobiliários". Entendemos que a expressão "distribuir emissão" não parece adequada, pois a interpretação literal do texto poderia levar à conclusão de que a expressão não se refere a toda e qualquer oferta pública de valores mobiliários, mas apenas às ofertas primárias (em que o próprio emissor emite os valores mobiliários e se apropria dos recursos obtidos dos investidores da oferta).

underwriting[109], quanto aos que atuam na intermediação secundária, por conta própria (*dealer*)[110] ou como agentes de seus clientes (*broker*)[111]. Em todos esses casos, o exercício das atividades pelo intermediário no mercado brasileiro depende de prévia autorização da CVM, nos termos do artigo 16, incisos I a III da Lei nº 6.385/76.

No entanto, filiamo-nos à opinião de Thiago Saddi Tannous, no sentido de que o dispositivo também abrange às ofertas secundárias (em que um acionista/detentor do valor mobiliário aliena, mediante oferta pública, referidos títulos e se apropria dos recursos obtidos dos investidores da oferta). cf. Codorniz, Gabriela; Patella, Laura (coord.). Comentários à Lei do Mercado de Capitais — Lei nº 6.385/76. São Paulo: Quartier Latin, 2015, pp. 347 e ss.

[109] A atividade de distribuição de valores mobiliários em ofertas públicas (*underwriting*) é matéria disciplinada pela CVM por meio da Instrução nº 400, de 29 de dezembro de 2003, que dispõe sobre as ofertas públicas de distribuição de valores mobiliários, nos mercados primário ou secundário, e estabelece as regras gerais de registro e de atuação dos participantes de ofertas públicas, e na Instrução nº 476, de 16 de janeiro de 2009, que dispõe sobre as ofertas públicas de valores mobiliários distribuídas com esforços restritos e a negociação desses valores mobiliários nos mercados regulamentados, e estabelece rito simplificado e dispensa de registro para determinadas ofertas públicas de valores mobiliários com base em critérios como restrição de tamanho qualificação do público alvo (oferta direcionada apenas a 75 investidores profissionais, dos quais apenas 50 podem efetivamente subscrever/adquirir os ativos ofertados, e valores mobiliários restritos a investidores qualificados). Para mais informações sobre a atividade de *underwriting* de valores mobiliários no Brasil, cf. Eizirik, Nelson; Gaal, Ariádna B.; Parente, Flávia; Henriques, Marcus de Freitas. Mercado de capitais — regime jurídico. 3ª Edição, revista e ampliada. Rio de Janeiro: Renovar, 2011, pp. 179 e ss.

[110] O intermediário que atua por conta própria (*dealer*) exerce função relevante no mercado de capitais, na medida em que, atuando por conta própria, ele pode possibilitar certo equilíbrio ao mercado, especialmente ao fomentar a liquidez de determinado valor mobiliário no mercado secundário. Assim, a atuação do *dealer* possibilita a realização de certas transações que, de outra forma, não seriam possíveis ou seriam mais onerosas para os investidores. Tendo em vista que a maioria dos mercados inevitavelmente estão sujeitos a desbalanceamentos temporários na oferta e procura de valores mobiliários, para o funcionamento ordenado desses mercados, justifica-se a existência de participantes que, operando por conta própria, substituem a "outra" parte da operação, compensando, assim, o desbalanceamento temporário e assegurando a liquidez. Quando o participante se dispõe a operar dessa forma, pondo em risco o próprio capital para facilitar a realização de outros, diz-se que ele está preenchendo uma função de "fazer mercado" (*Market making*). A atuação dos *Market makers* é disciplinada pela Instrução CVM nº 384, de 17 de março de 2003. para mais informações sobre atuação dos intermediários por conta própria, cf. Codorniz, Gabriela; Patella, Laura (coord.). Comentários à Lei do Mercado de Capitais — Lei nº 6.385/76. São Paulo: Quartier Latin, 2015, pp. 355 e ss.

[111] Cf. Codorniz, Gabriela; Patella, Laura (coord.). Comentários à Lei do Mercado de Capitais — Lei nº 6.385/76. São Paulo: Quartier Latin, 2015, pp. 347 e 352.

É importante esclarecer que, em relação às instituições financeiras e demais sociedades autorizadas a explorar simultaneamente operações ou serviços no mercado de valores mobiliários e nos mercados sujeitos à fiscalização do BCB (mercados de crédito e de câmbio), as atribuições da CVM ficam limitadas às atividades exercidas no mercado de capitais[112]. Logo, como no Brasil a competência para autorização das instituições para funcionar depende, em larga escala, do regulador setorial, cabe ao CMN "regular a constituição, funcionamento e fiscalização" das instituições que exercerem "atividades subordinadas" à Lei nº 4.595/64, cabendo ao BCB conceder as correspondentes autorizações, nos termos do inciso X, do artigo 10 da Lei nº 4.595/64[113]. À CVM compete estabelecer as regras e condições de acesso aos mercados por ela regulados, assim como as condições de atuação e de especialização[114].

Destarte, os integrantes do sistema de distribuição que sejam instituições financeiras devem, previamente, obter autorização do BCB para sua constituição e funcionamento, nos termos da regulamentação editada pelo CMN, em especial a Resolução nº 4.122, de 2 de agosto de 2012, sem prejuízo de normas específicas ao tipo de instituição[115], e, no desempenho de suas funções no mercado de capitais, observar as regras editadas pela CVM em relação à atividade de distribuição e intermediação de valores mobiliários, em especial a Resolução CVM nº 35, de 26 de maio de 2021.

Tendo em vista que o modelo de atuação do intermediário estrangeiro no Brasil não configuraria oferta pública de valores mobiliários, conforme exposto no início deste capítulo, à atividade de *underwriting* não será dada demasiada atenção neste estudo, não obstante a sua evidente importância para o mercado de capitais. Pelos mesmos motivos, a

[112] Vide parágrafo segundo do artigo 15, da Lei nº 6.385/76.

[113] Cf. YAZBEK, Otavio. Regulação do mercado financeiro e de capitais. Rio de Janeiro: Elsevier, 2007, p. 243.

[114] Vide artigos 15, parágrafo 1º, e 18 da Lei 6.385/76.

[115] Tipicamente, a CVM lista como principais entidades encarregadas de distribuir valores mobiliários e, portanto, instituições integrantes do sistema de distribuição, as sociedades distribuidoras de valores mobiliários (DTVM), disciplinadas pela Resolução do CMN nº 1.120, de 04.04.1986, as corretoras de valores mobiliários (CTVM), disciplinadas pela Resolução do CMN nº 1.655, de 26.10.1989, e os bancos de investimento, regidos pela Resolução nº 2.624, de 29.07.1999. Cf. BRASIL. Comissão de Valores Mobiliários. Direito do mercado de valores mobiliários. 1ª ed. Rio de Janeiro: CVM, 2017, pp. 305 e seguintes.

atuação do intermediário por conta própria também não será objeto de aprofundamento.

Vale esclarecer que atuação dos intermediários como agentes de seus clientes, respaldada no inciso III, do artigo 15 da Lei nº 6.385/76[116], compreende a execução, pelo intermediário, de ordens de seus clientes, comprando e vendendo valores mobiliários em mercados regulamentados. Essa modalidade de atuação guarda especial afinidade com o objeto do presente trabalho, uma vez que o intermediário estrangeiro oferta, precisamente, serviços de intermediação com valores mobiliários em mercados estrangeiros como agentes de seus clientes.

Assim, fica claro que o intermediário estrangeiro, pelo critério da atividade, exerce, em sua jurisdição de origem, uma atividade que se alinha àquelas listadas nos artigos 15, I e III da Lei nº 6.385/76, e em relação às quais prévia autorização da CVM é exigida, nos termos do artigo 16, inciso III, da mesma Lei.

Contudo, por se tratar de normas de caráter restritivo, vez que limitam a prática de determinadas atividades apenas a instituições às quais prévia autorização foi concedida, as disposições dos artigos 15, I e III, e do artigo 16, inciso III, da Lei nº 6.385/76, devem ser interpretadas de forma restrita e considerando a competência do legislador brasileiro, sem que se possa estender seus efeitos a outras práticas ou atividades que não as expressamente lá listadas de forma exaustiva.

Assim, tão importante quanto a atividade em si, necessário se faz a análise de outro critério essencial para verificar o alcance da regulação da CVM: a competência territorial. Nesse sentido, o artigo 2º da Portaria nº 327 dispõe de forma expressa que a CVM tem jurisdição em todo o território nacional (o que também permite afirmar que a CVM tem jurisdição apenas no território nacional).

Logo, partindo-se da premissa de que o modelo de negócio sob análise não implicaria intermediação de operações com valores mobiliários em território nacional (nos termos do artigo 15, III da Lei 6.385/76), o modelo não atrairia, portanto, a aplicação dos mencionados artigos 15 e 16 e, por conseguinte, a regulação da CVM no que toca autorização prévia para exercício de atividade. Essa conclusão somente se sustenta, contudo, se determinadas condições fáticas forem observadas.

[116] Cf. Art. 15. III. "as sociedades e os agentes autônomos que exerçam atividades de mediação na negociação de valores mobiliários, em bolsas de valores ou no mercado de balcão".

Em primeiro lugar, não deve haver qualquer menção a valores mobiliários específicos nos materiais publicitários e comunicações divulgados pelo intermediário estrangeiro, sob pena de configuração de oferta pública de valores mobiliários estrangeiros no Brasil. Os esforços de prospecção, pois, devem ter a finalidade de abertura de contas junto ao intermediário estrangeiro, não podendo, de qualquer modo, implicar ou objetivar a aceitação à subscrição ou aquisição de valores mobiliários específicos (sob pena de caracterização de oferta irregular de valores mobiliários estrangeiros).

Ademais, todos valores mobiliários intermediados devem ter sido emitidos no exterior e objeto de registro, colocação pública e negociação, de acordo com a legislação da jurisdição estrangeira na qual o intermediário é autorizado a atuar (sob pena de caracterização de oferta irregular de valores mobiliários estrangeiros). Conforme previsão do artigo 19 da Lei nº 6.385/76, nenhuma emissão e oferta pública[117] de valores mobiliários será distribuída no mercado (brasileiro), sem prévio registro na CVM (observadas as exceções expressamente previstas, por exemplo, ofertas conduzidas ao amparo da Instrução da CVM nº 476/2009). Tratando-se de valores mobiliários emitidos e/ou ofertados no Brasil[118], sua distribuição a mercado deve ser realizada através do sistema de distribuição de valores mobiliários[119], isto é, por meio de uma instituição integrante do referido sistema — o que não é o caso do intermediário estrangeiro.

Além disso, a atuação do intermediário deve se dar apenas em relação a ativos negociados nos mercados regulamentados/ambientes de negociação estrangeiros, fora da jurisdição da CVM, uma vez que a intermediação de valores mobiliários nos mercados regulamentados no Brasil somente pode ser realizada por instituição integrante do sistema

[117] Afiliamo-nos ao pensamento de Gabriel Buschinelli, para quem a atuação fiscalizatória da CVM deveria incidir em todas as circunstâncias em que houvesse apelo público à poupança popular, e não somente naquelas em que títulos fossem emitidos. Cf. CODORNIZ, Gabriela; PATELLA, Laura (coord.). Comentários à Lei do Mercado de Capitais — Lei nº 6.385/76. São Paulo: Quartier Latin, 2015, pp. 381 e ss.

[118] Conforme esclarecido no início do capítulo, é incontroverso, para os fins deste trabalho, que o modelo ora analisado não configura oferta de valores mobiliários no Brasil, vez que inexiste proposta de investimento ou esforços de venda de ativos específicos. Para mais informações, veja seção "1. Mercado Financeiro e a legalidade da atuação do intermediário estrangeiro".

[119] Vide parágrafo 4º do artigo 19, da Lei nº 6.385/76.

de distribuição de valores mobiliários observada, ainda, a necessidade de prévio registro do emissor dos valores mobiliários admitidos à negociação deve ser previamente registrado, nos termos da Instrução CVM nº 480, de 7 de dezembro de 2009.

A propósito, é válido mencionar que o artigo 21 da Lei nº 6.385/76 institui um duplo sistema de registros no mercado de valores mobiliários brasileiro, bem como requisitos para, respectivamente, a realização de distribuições públicas e negociação, em mercados regulamentados, de valores mobiliários.

Além do registro para distribuição de valores mobiliários (estabelecido no artigo 19 da Lei nº 6.385/76), o registro de emissor de que trata o artigo 21 da mesma Lei (tradicionalmente referido como registro de companhia aberta[120], regulamentado pela Instrução CVM nº 480/2009) constitui autorização administrativa pela CVM para a negociação dos seus valores mobiliários em mercados regulamentados[121]. Esse sistema, alinhado com as práticas internacionais[122], visa o estabelecimento de políticas informacionais voltadas tanto às ofertas públicas de distribuição quanto à negociação nos mercados regulamentados[123].

Ainda, conforme esclarecido na seção 1.1.1 acima, é imprescindível que os recursos utilizados na aquisição dos valores mobiliários tenham sido previamente remetidos ao exterior pelo respectivo cliente e disponibilizados em conta específica aberta junto ao intermediário na jurisdição onde os serviços são prestados. No Brasil, a realização de aplica-

[120] Cf. Codorniz, Gabriela; Patella, Laura (coord.). Comentários à Lei do Mercado de Capitais — Lei nº 6.385/76. São Paulo: Quartier Latin, 2015, p. 428.

[121] No Brasil, a expressão "mercados regulamentados" engloba o mercado de bolsa, de balcão organizado e o de balcão não organizado. Para mais informações sobre os mercados regulamentados, cf. Yazbek, Otavio. Regulação do mercado financeiro e de capitais. Rio de Janeiro: Elsevier, 2007, pp. 131 e ss.

[122] Sistema semelhante foi implementado no âmbito do mercado de valores mobiliários norte-americano quando da edição do *Securities Act* de 1933 e do *Securities Exchange Act* de 1934. O primeiro diploma trata das ofertas públicas de distribuição de valores mobiliários (*securities*), enquanto o segundo, ao disciplinar a organização dos mercados secundários, estabelece os requisitos para admissão de valores mobiliários nos mercados públicos. Cf. Codorniz, Gabriela; Patella, Laura (coord.). Comentários à Lei do Mercado de Capitais — Lei nº 6.385/76. São Paulo: Quartier Latin, 2015, p. 430.

[123] Cf. Codorniz, Gabriela; Patella, Laura (coord.). Comentários à Lei do Mercado de Capitais — Lei nº 6.385/76. São Paulo: Quartier Latin, 2015, p. 430.

ções financeiras deve partir, obrigatoriamente, de contas correntes de depósito para investimento, de que trata o inciso VII, do artigo 8º da Lei nº 9.311, de 24.10.1996, as quais devem ser abertas por instituições financeiras autorizadas a funcionar pelo BCB[124], de modo que ao intermediário estrangeiro não é permitida a abertura e manutenção dessas contas no Brasil sem prévia autorização de funcionamento emitida pelo BCB.

Além do critério territorial, importante atentar-se para a conduta empreendida pelo intermediário estrangeiro no Brasil. Assumindo que as situações fáticas acima seriam, de fato, verificadas no caso concreto, a conduta empreendida configura apenas a oferta de serviços de intermediação prestados no exterior a investidores residentes no Brasil.

Nota-se, nessa esteira, que o Capítulo III da Lei nº 6.385/76 é silente quanto à mencionada conduta de modo que não há previsão legal sobre a atividade ou, tampouco, a respeito da necessidade de autorização prévia da CVM ou qualquer outro órgão regulador a respeito do oferecimento, a pessoas físicas e jurídicas residentes no Brasil, de serviços de intermediação com valores mobiliários estrangeiros, prestados por instituição estrangeira, em ambientes de negociação no exterior.

Diante da atipicidade da conduta, não há fundamento para sustentar eventual ilegalidade ou infração ao disposto no artigo 16 da Lei 6.385/76, uma vez que o rol lá descrito é exaustivo e não inclui a oferta, por parte de instituições estrangeiras, de serviços de intermediação prestados exclusivamente no exterior — tal como no modelo ora em análise.

Considerando, assim, que a "mediação e corretagem de operações com valores mobiliários", terminologia adotada pelo legislador, dar-se-ia exclusivamente em relação a valores mobiliários emitidos e negociados fora da jurisdição da CVM, não parece adequado estender a aplicação do artigo 16, III, da Lei nº 6.385/76 aos intermediários estrangeiros, em relação aos quais não existe previsão legal obrigando prévia autorização da autarquia ou de qualquer outro órgão regulador do mercado financeiro e de capitais.

Tendo em vista as premissas já definidas no presente estudo, parece evidente que a atuação do intermediário estrangeiro não está englobada na esfera de competência da CVM no que toca à autorização para

[124] Vide parágrafo 7º, do artigo 8º da Lei nº 9.311, de 24.10.1996.

exercício de atividade, ao menos sob as perspectivas da competência territorial ou da tipicidade da conduta.

Até aqui, tendo em vista a legalidade da remessa de recursos por pessoas físicas e jurídicas residentes no Brasil para realização de investimentos no exterior sem a imposição de qualquer obrigação sobre a instituição estrangeira que recebe referidos recursos, bem como considerando que a atividade de intermediação com valores mobiliários é desempenhada exclusivamente no exterior, de forma alheia à jurisdição territorial da CVM, é forçoso concluir que, a *priori*, a atuação do intermediário estrangeiro não atrai a regulação da CVM e não prescinde de qualquer registro ou autorização por parte da autarquia — sem prejuízo, porém, do disposto no artigo 9º, parágrafo 6º da Lei 6.385/76, que atribui competência à autarquia para apurar e punir condutas cujos efeitos acarretem danos aos investidores residentes no Brasil, independentemente de ocorrerem ou não no território nacional[125].

Pondera-se, contudo, que a apuração da resposta para a questão aventada no início deste capítulo demanda, ainda, reflexões adicionais, já que embora a CVM tenha jurisdição apenas no território nacional, difícil é delinear as fronteiras nacionais quando se trata de atuação de agentes econômicos por meio da internet.

Nesse contexto, a própria CVM tem atuado para, de certo modo, instruir os participantes do mercado sobre a melhor forma de se interpretar as normas de conduta aplicáveis ao sistema de distribuição e aos intermediários, conforme previstas no capítulo III da Lei nº 6.385 e nas demais normas infralegais por ela expedidas. Especificamente sobre o uso da internet em ofertas de valores mobiliários e na intermediação de operações bem como sobre a intermediação de operações e oferta de valores mobiliários emitidos e admitidos à negociação em outras jurisdições, a CVM editou, em 2005, os Pareceres de Orientação nº 32 e 33.

[125] *In verbis:* "Art. 9º A Comissão de Valores Mobiliários, observado o disposto no § 2º do art. 15, poderá:

(...)

§ 6º A Comissão será competente para apurar e punir condutas fraudulentas no mercado de valores mobiliários sempre que:

I – seus efeitos ocasionem danos a pessoas residentes no território nacional, independentemente do local em que tenham ocorrido; e

II – os atos ou omissões relevantes tenham sido praticados em território nacional."

Em que pese a atividade do intermediário se desenvolver exclusivamente no exterior, ao ofertar seus serviços por meio da rede mundial de computadores a investidores residentes no Brasil, o ato de prospecção já atrairia, por si, a atenção da CVM, conforme disposto nos Pareceres de Orientação. É imprescindível, todavia, avaliar os limites definidos nos referidos pareceres, a fim de não se cometer equívocos ao avaliar se a atividade empreendida pelo intermediário estrangeiro, conforme as premissas ora estabelecidas, de fato, prescindiria de registros e autorizações no País.

2.3. Atuação do intermediário estrangeiro à luz dos Pareceres de Orientação nº 32 e 33

Preliminarmente, cumpre esclarecer que os pareceres de orientação são atos expedidos pela CVM, nos termos do artigo 13 da Lei 6.385/76, para orientar os agentes do mercado e os investidores sobre matéria que cabe àquela autarquia regular, além de veicular as manifestações do regulador a respeito de interpretação das Leis 6.385/76 e 6.404/76 no interesse do mercado de capitais.

Os pareceres são atos da administração pública e, como tal, devem ser realizados com estrita observância dos princípios que regem administração pública e, no caso da CVM, também os princípios que regem a intervenção do Estado na ordem econômica.

Pode-se dizer, ainda, que o parecer de orientação da CVM tem natureza de ato administrativo, na medida em que, é um ato, por meio do qual, a CVM (na qualidade de ente da administração pública indireta), no exercício de sua função administrativa, sob o regime de direito público, exprime uma manifestação de vontade do poder público de forma geral, a respeito de um determinado tema[126].

Vale mencionar que há doutrinadores que, apesar de classificarem os pareceres como espécie de ato da administração, ponderam que estes não seriam atos administrativos propriamente ditos. Entre eles, está Maria Sylvia Zanella Di Prieto, para quem dentre os atos da administração pública, distinguem-se os que produzem e os que não produzem

[126] Cf. CARVALHO, Matheus. Manual de direito administrativo. 3. Ed. rev., ampl. e atual. Salvador: Juspodivm, 2016. Pp. 235 a 238.

efeitos jurídicos imediatos, entre eles, os atos de opinião, como pareceres e laudos sendo que apenas os atos que produzem efeitos jurídicos imediatos estariam classificados como ato administrativo propriamente dito[127].

A despeito da relevância do tema, não cumpre discutir aqui, de forma aprofundada, a classificação, ou não, dos pareceres de orientação da CVM como ato administrativo propriamente dito, bastando, para os fins deste estudo, classificá-los como "ato da administração pública", os quais, assim como os atos administrativos, devem respeito aos princípios gerais da administração.

O parecer, em regra, não possui efeito normativo, por si mesmo. Porém, isso não significa que suas conclusões não tenham efeitos para atividade reguladora da autoridade que o emitiu. Uma vez que o objetivo é garantir uniformidade de orientação na esfera administrativa, o expediente serve, inclusive, como instrumento do princípio da eficiência da administração pública, previsto no artigo 37 da Constituição Federal, pelo qual deve-se esperar do agente público o melhor desempenho possível de suas atribuições, para lograr os melhores resultados na prestação do serviço público em questão[128].

Ao orientar os participantes do mercado de capitais a respeito do entendimento da autarquia sobre determinadas matérias sob sua competência, os pareceres de orientação da CVM funcionam como guias de atuação. Suas conclusões, apesar de não ter caráter de norma cogente, devem guiar a atuação, também, do regulador, ao analisar casos concretos que se amoldam ao conteúdo do referido ato.

Logo, os pareceres de orientação podem ser compreendidos como verdadeiras fontes de direito, sendo que sua desconsideração, pelo regulador, pode significar, além de ato contraditório, inobservância dos princípios da eficiência e da razoabilidade[129] — guias da administração pública.

[127] Para mais informações sobre os critérios definidores dos atos administrativos, vide Di Prieto, Maria Sylvia Zanella. Direito administrativo. 25. ed. São Paulo: Atlas, 2012, pp. 203 e 204.

[128] Cf. Di Prieto, Maria Sylvia Zanella. Direito administrativo. 25. ed. São Paulo: Atlas, 2012, p. 84.

[129] Trata-se de princípio aplicado ao direito administrativo como mais uma das tentativas de impor-se limitações à discricionariedade administrativa a qual, sob o aspecto teleológico,

A CVM editou, em 30 de setembro de 2005, os Pareceres de Orientação nº 32 e 33, com o objetivo de explicitar o entendimento da autarquia quanto à caracterização (i) de uma oferta de distribuição de valores mobiliários como pública, quando a internet é adotada como meio de comunicação, e (ii) de exercício de atividade sujeita à autorização da CVM, quando referida atividade é exercida por intermédio da internet, nos termos do artigo 16 da Lei nº 6.385/76.

Coube ao Parecer de Orientação nº 32 estabelecer certas medidas preventivas a fim de que tais ofertas de valores mobiliários estrangeiros não se caracterizem como dirigidas ao público residente no Brasil e, consequentemente, sujeitas à regulação, fiscalização e controle do referido regulador (tema que, como já apontado, não guarda grande afinidade com objetivos deste estudo). Já o Parecer de Orientação nº 33 trata da oferta de valores mobiliários e do exercício de atividades sujeitas à autorização da CVM por emissores e intermediários estrangeiros tendo por público-alvo investidores residentes no Brasil.

Segundo a CVM, a edição dos Pareceres de Orientação foi motivada pela discussão sobre:

> a [eventual] necessidade de registro dos agentes que pretendem exercer a intermediação de operações com valores mobiliários emitidos e negociados em outras jurisdições [que] ganhou importância significativa com a popularização da Internet e, **especialmente, quando os serviços prestados mediante sua utilização passaram a incluir a intermediação de operações no mercado de valores mobiliários (home broker). Com isso, foram criados os meios necessários para que pessoas residentes em diferentes países acessem com facilidade mercados localizados em jurisdições distintas.**[130](com nossos destaques)

Esclarece-se, ainda, que os Pareceres de Orientação devem ser lidos conjuntamente sempre que se pretender compreender o entendimento da CVM a respeito de ofertas de valores mobiliários e o exercício de ati-

deve guardar sempre uma relação de pertinência entre oportunidade e conveniência de um ato e a sua finalidade. (Cf. Di Prieto, Maria Sylvia Zanella. Direito administrativo. 25. ed. São Paulo: Atlas, 2012, pp. 81 e 82).

130 BRASIL. Comissão de Valores Mobiliários. Parecer de Orientação nº 33, de 30 de setembro de 2005.

vidades sujeitas à autorização, quando se utiliza a internet como meio de comunicação (i) entre intermediário situado no exterior e investidores residentes, domiciliados ou constituídos no Brasil, ou (ii) para oferta de valores mobiliários emitido no exterior a investidores residentes no Brasil.

Nota-se, desde logo, que a atuação do intermediário estrangeiro nos moldes ora analisados enquadra-se no item "i" do parágrafo acima.

O Parecer de Orientação nº 32, em linhas gerais, elenca uma série de critérios (um tanto quanto subjetivos, a nosso ver), que serão avaliados pela autarquia para averiguar se uma oferta de distribuição de valores mobiliários realizada por meio da internet seria, ou não, direcionada ao público em geral no Brasil. Basicamente, no Parecer de Orientação nº 32 são listadas "medidas preventivas" a serem adotadas por atores estrangeiros que não têm a intenção direta de acessar o público no Brasil, sob pena de configuração de oferta a investidores residentes no País, sob a ótica da CVM.

Tendo em vista as premissas delineadas na seção 1.1.2, os critérios elencados no Parecer de Orientação nº 32 não serão objeto de análise aprofundada, uma vez que o modelo de atuação do intermediário estrangeiro aqui analisado, ao dedicar esforços ativos de comunicação e prospecção, já se classificaria como ação direcionada a residentes no Brasil.

Quanto ao exercício de atividade sujeita à autorização da CVM, o Parecer de Orientação nº 32 se limita a prever que:

> o uso da Internet para mediação ou corretagem de operações com valores mobiliários, distribuição de emissões no mercado ou para o exercício da atividade de aquisição de valores mobiliários para revendê-los por conta própria (incisos I a III do art. 16 da Lei 6.385/76) depende de prévia autorização da Comissão de Valores Mobiliários para o exercício da atividade[131].

Não se nota qualquer esclarecimento a respeito do significado da expressão "uso da internet" para realização das atividades típicas de

[131] BRASIL. Comissão de Valores Mobiliários. Parecer de Orientação nº 32, de 30 de setembro de 2005, seção 2.

intermediação com valores mobiliários, conforme previstas na Lei nº 6.385/76, ou, tampouco, menção à utilização da internet por estrangeiros para o mister.

Diante disso, forçoso concluir que a seção 2 do Parecer de Orientação nº 32 (cujo texto se resume ao parágrafo acima) deve ser interpretado no sentido de que, o sujeito que exercer, no Brasil, atividades de "mediação ou corretagem de operações com valores mobiliários, distribuição de emissões no mercado ou para o exercício da atividade de aquisição de valores mobiliários para revendê-los por conta própria", também por meio da internet, deve observância ao disposto no artigo 16 da Lei 6.385/76. Deste modo, o Parecer de Orientação nº 32 pouco tem a agregar ao presente debate.

O Parecer de Orientação nº 33, no entanto, traz elementos que contribuem de forma efetiva para a discussão em tela. Esse parecer é dividido em duas seções, sendo a primeira titulada "Intermediação de Operações com Valores Mobiliários Realizada em Outras Jurisdições e Autorização da Comissão de Valores Mobiliários" e a segunda "Oferta Pública de Distribuição de Valores Mobiliários", que discorre a respeito do ordenamento jurídico aplicável às ofertas públicas de valores mobiliários no Brasil, seu registro e, conclui, enumerando, em adição àqueles listados no Parecer de Orientação nº 32, fatores gerais a serem observados pela CVM para se verificar se, no caso concreto, haveria ou não oferta pública de valores mobiliários estrangeiros dirigida ao público residente no Brasil.

Conforme já esclarecido na seção 1.1.3, o modelo de atuação do intermediário estrangeiro ora debatido não se caracteriza como oferta de valores mobiliários estrangeiros no Brasil. Assim, é o disposto na seção 1 do Parecer de Orientação nº 33 que inspira mais atenção para o tema ora debatido. Destaca-se abaixo a integralidade do disposto no primeiro parágrafo da seção 1:

> **A lei brasileira determina que somente os integrantes do sistema de distribuição (art. 15 da Lei nº 6.385/76) devidamente registrados na CVM (art. 16 da Lei nº 6.385/76) estão autorizados a oferecer serviços de intermediação de operações com valores mobiliários no Brasil ou exercer atividade de intermediação no Brasil.** Dentre as condições impostas para o registro como integrante do sistema de distri-

> buição brasileiro encontra-se: (i) a necessidade de domicílio ou sede no Brasil, ou (ii) a autorização específica para exercício de atividade no Brasil por pessoa jurídica constituída no exterior.[132] (com nossos destaques)

Nota-se que o trecho em destaque comporta duas interpretações: a primeira, no sentido de que "apenas os integrantes do sistema de distribuição devidamente registrados na CVM estão autorizados a oferecer, no Brasil, serviços de intermediação de operações com valores mobiliários", e a segunda, no sentido de que "apenas os integrantes do sistema de distribuição devidamente registrados estão autorizados a oferecer serviços de intermediação de operações com valores mobiliários prestados no Brasil".

A apuração da interpretação correta é essencial para este trabalho, uma vez que, com base na primeira leitura, ao intermediário estrangeiro seria oponível a obrigação de se tornar integrante do sistema de distribuição de valores mobiliários mediante autorização específica da CVM — o que não parece ser a interpretação adequada.

Conforme exposto na seção 2.2 acima, a Lei nº 6.385/76 determina necessidade de autorização prévia apenas em relação ao desempenho de atividades típicas de intermediação com valores mobiliários (previstas nos incisos I a III do artigo 16) no Brasil (conforme competência territorial da CVM), não havendo, na Lei nº 6.385/76, qualquer dispositivo que permita estender a aplicação da obrigação de prévia autorização a agentes estrangeiros que apenas ofertam, no Brasil, os serviços típicos de intermediação desempenhados no exterior — sem desempenhar qualquer atividade regulada no Brasil. O artigo 16 da Lei nº 6.385, por se tratar de norma restritiva, deve ser interpretado restritivamente, com base na melhor hermenêutica.

Além disso, não há no artigo 18 da Lei nº 6.385[133] atribuição de competência para que a CVM edite normas estendendo o alcance das autorizações de que trata o artigo 16 (por exemplo, para a oferta, no Brasil, de ser-

[132] BRASIL. Comissão de Valores Mobiliários. Parecer de Orientação nº 33, de 30 de setembro de 2005, Seção 1.

[133] *In verbis:* "Art. 18. Compete à Comissão de Valores Mobiliários:
I — editar normas gerais sobre:
a) condições para obter autorização ou registro necessário ao exercício das atividades indicadas no art. 16, e respectivos procedimentos administrativos; (...)"

viços análogos prestados no exterior), não podendo, assim, um parecer de orientação, que tem natureza de ato da administração, exercer esse dever.

Logo, considerando-se ainda o princípio da legalidade, a interpretação correta nos parece ser a segunda.

Apesar da ambiguidade, a nosso sentir essa é a única interpretação juridicamente possível, tendo em vista as conclusões expostas na seção 2.2 acima, no sentido de que não há, na Lei nº 6.385/76, previsão para registro ou autorização prévia para realização de oferta, no Brasil, de serviços de intermediação de operações com valores mobiliários no exterior ou, tampouco, disposição a respeito do oferecimento desse tipo de serviço no Brasil.

Importante mencionar que a CVM deixa evidente no Parecer de Orientação nº 33 que a autorização para a prestação de serviços de intermediação de operações com valores mobiliários, outorgada por regulador estrangeiro ou decorrente de legislação aplicável em outra jurisdição, não assegura o direito de intermediar a negociação de valores mobiliários no mercado brasileiro, e complementa afirmando, contudo, que:

> (...) a intermediação de operações com valores mobiliários **emitidos e ofertados exclusivamente no exterior, realizadas para investidores residentes no Brasil por intermediários constituídos no exterior, não constitui irregularidade desde que (i) a atividade de prospecção dos investidores tenha sido realizada no exterior** e (ii) a operação a ser intermediada não se caracterize como oferta pública no Brasil (...)[134]. (com nossos destaques)

Nota-se, que, em linha com as regras do mercado de câmbio, especificamente aplicáveis aos capitais brasileiros no exterior (conforme expostas na seção 1.1.1), não há qualquer ponderação a respeito da qualificação dos investidores residentes no Brasil para se apurar a (ir)regularidade da atuação do intermediário estrangeiro ao intermediar operações com valores mobiliários em benefício de residentes no Brasil.

O trecho deixa evidente, ainda, que o elemento controverso da atuação do intermediário estrangeiro não é a realização da intermediação

[134] BRASIL. Comissão de Valores Mobiliários. Parecer de Orientação nº 33, de 30 de setembro de 2005, Seção 1.

de operações com valores mobiliários em benefício de investidores residentes, mas sim, a prospecção de clientes no Brasil. O reconhecimento da regularidade da atuação do intermediário em benefício de residentes no Brasil, quando a prospecção "tenha sido realizada no exterior", permite concluir que, na visão da CVM, conforme expressa no Parecer de Orientação nº 33, não há de se falar em exigência de registro ou autorização prévia para o atendimento de clientes residentes Brasil por parte de intermediários estrangeiros.

Nota-se que o elemento chave para apuração da regularidade da atuação não é a atividade em si, mas sim a presença ou não de esforços de prospecção no Brasil.

Destarte, diante da inexistência de previsão legal a respeito de necessidade de prévia autorização para "oferta de serviços de intermediação", conforme exposto nos parágrafos acima, fica evidente que, exceto se o intermediário estrangeiro pretender realizar a intermediação de operações com valores mobiliários emitidos, ofertados e negociados no Brasil, as disposições do artigo 16 da Lei nº 6.385/76 não se aplicam ao intermediário estrangeiro, não havendo de se falar, portanto, em ilegalidade da atuação do intermediário, à luz da Lei 6.385/76, conforme premissas estabelecidas neste trabalho.

A nosso sentir, a apuração da regularidade se relaciona mais com a possibilidade de gerar efeitos no mercado de capitais do Brasil, provocando a competência preventiva da CVM, nos termos do artigo 9º, da Lei nº 6.385/76, do que com a verificação de exercício irregular de atividade para a qual se existe autorização prévia, nos termos do artigo 16 da mesma Lei.

A bem da verdade, existe uma "zona cinzenta", na medida em que inexiste exigência legal para que o intermediário estrangeiro seja registrado ou obtenha autorização junto à CVM ou qualquer outro órgão regulador do mercado financeiro no Brasil para atuar e, ao mesmo tempo, existem previsões normativas, sobretudo na regulamentação cambial, que permitem que esse mesmo intermediário atenda clientes residentes no Brasil.

De certo modo, o modelo de atuação do intermediário estrangeiro pode se valer dessa lacuna, que constitui uma via a ser percorrida pelo intermediário estrangeiro com um modelo de negócio inovador.

Conforme mencionado no início deste capítulo, é natural a existência de "zonas cinzentas" que possibilitem a abertura de caminhos dentro das regras postas, sem infringi-las, especialmente considerando-se um contexto de inovação financeira, uma vez que o mercado é muito mais imaginativo do que o regulador pretende ser.

Por outro lado, em que pese a inexistência de óbice legal, tendo em vista que a prospecção de clientes para contratação de serviços de intermediação no exterior pode gerar efeitos no mercado de capitais do Brasil, na medida em que, potencialmente, pode acessar a poupança popular de investidores residentes no País e acarretar danos a esses investidores, atrai-se a competência preventiva da CVM, nos termos dos parágrafos 1º e 6º do artigo 9º da Lei nº 6.385/76.

Assim, independentemente da falta de previsão legal sobre registro e autorização prévia, enquanto sua atuação gerar efeitos no mercado de capitais do Brasil, o intermediário estrangeiro não consegue se desvencilhar do poder de regulação da CVM.

O regulador, por sua vez, no desempenho de suas atribuições, deve exercer o papel de indutor da iniciativa privada, atuando como fator de viabilização daqueles que produzem bens e serviços, isto é, contribuindo para o avanço da atividade econômica, especialmente a inovadora, e aprimoramento das eficiências de mercado[135].

Nesse cenário, uma vez que, sob a perspectiva do princípio da legalidade, não existe ilicitude na atuação do intermediário estrangeiro, mediante prospecção de pessoas residentes no Brasil, não há respaldo legal para se proibir sua atuação. Porém, diante dos potenciais efeitos no mercado brasileiro, também não há respaldo regulatório para se ignorar a atuação dos intermediários estrangeiros nos moldes aqui indicados.

Logo, cabe ao regulador e aos participantes do mercado pavimentar um caminho para regulação da atividade, tendo em vista, inclusive, o princípio constitucional da livre iniciativa e a função incentivadora do

[135] Souza, Hamilton Dias de (vários autores). A Reengenharia do Estado Brasileiro. São Paulo: Ed. RT, 1995, p. 11 e Contribuições de Intervenção no Domínio Econômico, em 10º Simpósio Nacional IOB de Direito Tributário — Grandes Termas Tributários da Atualidade. São Paulo: IOB, 2001, p.23. *In* Costa, Mário Luiz Oliveira da. Regulação e Autorregulação. *In* Nusdeo, Fabio (coordenador). O Direito Econômico na Atualidade. São Paulo: Editora Revista dos Tribunais, 2015, pp.169.

regulador, positivados nos artigos 170 e 174, respectivamente, da Constituição Federal.

Diante disso, necessário se faz ponderar como poderia se dar a atuação do intermediário estrangeiro de forma regular no País. Aqui, não se discute mais legalidade, uma vez que demonstrada inexistência de infração à Lei, mas sim as normas de conduta que devem guiar a interação do intermediário estrangeiro com os residentes no Brasil, no âmbito da prospecção, considerando os objetivos da regulação do mercado de capitais voltada ao interesse público (vide Capítulo 3 abaixo), especialmente proteção do investidor[136].

A própria CVM, por meio do Parecer de Orientação nº 33, parece propor uma solução ao estabelecer que:

> **Caso, no entanto, os intermediários constituídos no exterior pretendam ofertar valores mobiliários emitidos no exterior a residentes no Brasil mediante a prospecção de investidores neste País, deverão** (a) registrar-se perante a Comissão de Valores Mobiliários como integrante do sistema de distribuição brasileiro, ou (b) **contratar uma instituição integrante do sistema de distribuição brasileiro para conduzir a intermediação no Brasil**. Adicionalmente, os intermediários deverão observar se o emissor do valor mobiliário ofertado ou a sua oferta estão sujeitos a registro perante a CVM, conforme discutido no próximo item deste parecer (com nossos destaques)[137].

De início, importante notar que o trecho não menciona, de forma literal, a pretensão de oferecer serviços de intermediação prestados em outras jurisdições. Ao invés disso, há, textualmente, referência à pretensão de "ofertar valores mobiliários emitidos no exterior a residentes no Brasil mediante a prospecção de investidores neste País".

Não obstante, especialmente considerando que o trecho se insere na seção 1 do Parecer de Orientação nº 33, a melhor interpretação, de caráter finalístico, parece ser no sentido de que caso os intermediários constituídos no exterior pretendam ofertar "serviços de intermediação de operações com" valores mobiliários emitidos no exterior a residentes no

[136] Cf. seção 1.2 acima.

[137] Vide último parágrafo da Seção 1 do Parecer de Orientação CVM nº 33, de 30 de setembro de 2005.

Brasil mediante a prospecção de investidores neste País, deverão contratar uma instituição integrante do sistema de distribuição brasileiro para conduzir a intermediação no Brasil.

A propósito, a área técnica da CVM, por meio do Memorando nº 94/2019-CVM/SMI/GME[138] e do Memorando nº 112/2021-CVM/SMI/GME[139], reiterou o entendimento ao apontar a previsão de atuação do intermediário estrangeiro por meio da contratação de instituição integrante do sistema de distribuição de valores mobiliários nacional. As conclusões da área técnica foram reiteradas pelo Colegiado da CVM, em reunião realizada em 23 de fevereiro de 2021[140], ocasião em que também foram fixados critérios para o desempenho da "condução da oferta de serviços" (o que será mais bem abordado no Capítulo 3).

Assim, em meio à falta de previsões específicas sobre normas de conduta a serem observadas pelo intermediário estrangeiro, nota-se uma possível via para permitir a prospecção de clientes no Brasil, uma vez que caberia intermediário local o papel de "tradutor das exigências regulatórias"[141].

A contratação de um intermediário local para "conduzir a oferta de serviços", portanto, mostra-se como um bom ponto de partida para se discutir os caminhos da regularidade do modelo aqui analisado face à regulamentação vigente.

2.4. Conclusões a respeito da legalidade da atuação do intermediário estrangeiro à luz da Lei nº 6.385/76

A possibilidade de pessoas físicas e jurídicas residentes no Brasil acessarem mercados de valores mobiliários estrangeiros não é necessariamente uma novidade, especialmente sob a perspectiva da regulamentação do mercado de câmbio brasileiro.

O artigo 8º da Resolução do CMN nº 3.568/08 é categórico ao permitir que instituições de câmbio realizem operações de câmbio com vistas à realização de investimento no exterior, inclusive na modalidade

138 Vide parágrafos 6, 24 e 28 do Memorando nº 94/2019-CVM/SMI/GME.

139 Vide parágrafos 64, 65 e 66 do Memorando nº 112/2020-CVM/SMI/GME.

140 Vide Ata de Reunião do Colegiado nº 8 de 23 de fevereiro de 2021.

141 BRASIL. Comissão de Valores Mobiliários. Memorando nº 112/2020-CVM/SMI/GME, de 29.10.2020, p. 9.

portfólio, observada a fundamentação econômica da operação e as obrigações de reportar os capitais no exterior ao BCB, na forma da regulamentação aplicável.

A controvérsia surge quando a instituição estrangeira responsável pela intermediação dos referidos valores mobiliários no exterior empreende esforços de prospecção direcionados a investidores residentes no Brasil, para contratação de seus serviços, mesmo que estes sejam prestados exclusivamente em outras jurisdições e em observância das regras lá aplicáveis. Nesse caso, a atuação do intermediário estrangeiro atrairia a regulação da CVM e levantaria dúvidas sobre a legalidade dessa atuação, tendo em vista as previsões do Capítulo III da Lei nº 6.385/76.

Apurou-se, contudo, que se determinadas condições fáticas forem verificadas no caso concreto e partindo-se da premissa de que o modelo de investimento direto no exterior sob análise não implicaria intermediação de operações com valores mobiliários em território nacional, a atividade de prospecção de clientes no Brasil não atrairia, portanto, a necessidade de registro ou autorização prévia junto à CVM.

Diante do silêncio do Capítulo III da Lei nº 6.385/76, que não tipifica a atividade de "oferecer" ou "ofertar" serviços de intermediação de operações com valores mobiliários prestados no exterior a investidores residentes no Brasil, não há fundamento legal para se sustentar eventual ilegalidade ou infração ao disposto no artigo 16 da Lei 6.385/76, considerando o princípio da legalidade e os princípios constitucionais da ordem econômica.

Em que pese parecer uma obviedade, a ausência de disposição legal deve ser analisada sob a ótica dos princípios da livre iniciativa e da liberdade de contratar e a interpretação da norma deve considerar, ainda, o propósito maior de desenvolvimento do mercado de valores mobiliários — que é, inclusive, um dos objetivos da CVM.

A ausência de previsão legal, porém, não pode ser um óbice para o desenvolvimento de modelos de negócio inovadores, mesmo que em segmentos regulados, desde que essencialmente esses modelos não contrariem os objetivos da regulação.

Até fevereiro de 2021, havia um arcabouço regulatório mínimo, consubstanciado principalmente no Parecer de Orientação nº 33, que, apesar de não insculpido para a situação, permite a atuação de intermediários estrangeiros e deve servir de baliza para o desenvolvimento da atividade enquanto não houver regulamentação específica, isso porque, além de fiscalizar e normatizar, é atribuição da CVM contribuir para o desenvolvimento do mercado de valores mobiliários.

Nesse sentido, ausente vedação legal expressa e específica, bem como presentes os interesses de investidores em investir diretamente no exterior e de agentes de mercado em prover soluções inovadoras para atendimento dessa demanda, não caberia a CVM proibir ou impedir o desenvolvimento desse novo mercado, sob pena de extrapolação do poder regulador e arbitrariedade.

A CVM, assim, sobretudo por meio da decisão do Colegiado da CVM proferida em 23 de fevereiro de 2021, admitiu a possibilidade de atuação regular de intermediários estrangeiros que prestam serviços a investidores residentes no Brasil, mediante prospecção de clientes no País, por meio da internet, quando o intermediário estrangeiro contrata com uma instituição integrante do sistema de distribuição local, a quem caberá conduzir a intermediação.

Ante ao exposto, forçoso concluir, então, que a oferta, por meio da internet, dos serviços de intermediação com valores mobiliários emitidos, distribuídos e negociados no exterior, prestados exclusivamente em mercados localizados na jurisdição estrangeira na qual o intermediário está autorizado a operar, a investidores residentes no Brasil por meio da internet é, sim, juridicamente possível, tendo em vista a falta de vedação legal, bem como a existência de arcabouço regulatório mínimo que pode ser aplicado ao caso, enquanto normas específicas não forem criadas.

Nesse sentido, tão importante quanto a verificação da legalidade do modelo ora debatido no âmbito do mercado de capitais do Brasil, é descobrir "como" esse modelo deve ser executado para fins do alcance dos objetivos da regulação orientada pelo interesse público, considerando-se, sobretudo, o arcabouço regulatório já existente e os critérios já fixados pela CVM. Esse é o objeto do Capítulo 3.

3. INOVAÇÃO FINANCEIRA E CRITÉRIOS PARA ATUAÇÃO DO INTERMEDIÁRIO ESTRANGEIRO

Conforme exposto no capítulo anterior, não há na legislação vigente exigências para obtenção de registro ou autorização prévia para que o intermediário estrangeiro possa empreender esforços de prospecção no Brasil, desde que verificadas algumas condições fáticas (elencadas na seção 2.2 acima). Isso, no entanto, não significa que a atuação do intermediário estrangeiro possa se desenvolver livre das amarras do regulador, especialmente considerando os potenciais impactos no mercado local e a competência preventiva da CVM (conforme mencionado na seção 2.1 acima).

Viu-se, também, que a própria CVM, por meio do Parecer de Orientação nº 33, forneceu um ponto de partida para a atuação regular do intermediário estrangeiro que poderia empreender esforços de prospecção de clientes no Brasil caso contratasse uma instituição integrante do sistema de distribuição local para intermediar a oferta de serviços — entendimento reiterado pela área técnica da CVM e consolidado pelo Colegiado.

Porém, se de um lado não existem regras específicas à espécie, por outro existe a competência preventiva da CVM para atuar de modo a preservar a higidez dos mercados e assegurar a proteção dos investidores. Nesse contexto, necessário se faz o estabelecimento de diretrizes mínimas, além da contratação de um intermediário local, para que o intermediário estrangeiro possa realizar a prospecção de clientes no Brasil sem infringir os objetivos da regulação.

Com isso em vista, o Colegiado da CVM, em 23 de fevereiro de 2021, reconheceu a possibilidade de atuação do intermediário estrangeiro, ao deliberar sobre as conclusões do Memorando nº 112/2020-CVM/SMI/GME, desde que mediante contratação de instituição integrante do sistema de distribuição de valores mobiliários brasileiro, bem como fixou os critérios mínimos relacionados à "condução da oferta de serviços", o que foi feito com base nas diligências e subsídios coletados pela área técnica da CVM, inclusive junto a participantes do mercado e entidades representativas no mercado de capitais (ANBIMA, ANCORD, B3 e BSM)[142].

O propósito deste capítulo é, desde logo, verificar como as atividades do intermediário estrangeiro e do intermediário local deveriam ser conduzidas a fim de se de garantir a observância dos objetivos da regulação orientada pelo interesse público e a preservação do direito das pessoas físicas residentes no Brasil de investir nos mercados estrangeiros, bem como analisar cada um dos requisitos fixados pela CVM, descritos na Ata de Reunião do Colegiado nº 8 de 23 de fevereiro de 2021.

Considerando o contexto de inovação financeira no qual o modelo em comento se insere, necessário se faz também compreender como a atuação do regulador se insere nesse cenário de inovação no mercado de capitais.

O presente capítulo, assim, discorre a respeito da atuação da CVM no contexto de inovação financeira para extrair premissas que deveriam ser observadas na regulação, também, das atividades do intermediário estrangeiro e do intermediário local no âmbito do modelo de estudo deste trabalho. A partir dessas premissas e dos principais riscos decorrentes do modelo, examina-se os critérios já fixados pela CVM para o desempenho da atividade.

3.1. Inovação no mercado de capitais e o papel do regulador

O mercado de capitais, assim como a economia em geral, está em corrente transformação devido à tendência de globalização ocasionada pelo avanço tecnológico. Otávio Yazbek aponta, inclusive, que a partir dos anos de 1970, tem ocorrido a aceleração do processo de inovação financeira o que acelerou, também, as forças globalizatórias[143].

[142] Vide parágrafo 5 do Memorando nº 94/2019-CVM/SMI/GME.

[143] Cf. Yazbek, Otavio. Regulação do mercado financeiro e de capitais. Rio de Janeiro: Elsevier, 2007, p. 51.

É possível afirmar que a base dessas transformações reside na adaptação constante do mercado a uma série de inovações produzidas pelos intermediários financeiros em busca de sobrevivência em um mercado cada vez mais competitivo. Como consequência, o desenvolvimento de novos produtos e serviços financeiros, bem como a exploração de novos nichos de mercado, mostram-se como opção de crescimento[144].

Segundo Juliano Lima Pinheiro,

> a evolução da tecnologia da informação e a diminuição das restrições à movimentação de capitais estrangeiros vêm proporcionando o crescimento desse movimento [de globalização dos mercados]. Um exemplo disso é o crescimento do mercado de ADRs [*American Depositary Receipts*] e outros títulos internacionais.[145]

Não por acaso, as inovações no sistema financeiro e, para os fins deste trabalho, no mercado de capitais, é preocupação constante do regulador. Toda inovação, destarte, é resposta a determinados estímulos, induções e adaptações e, do ponto de vista microeconômico, é, potencialmente, uma melhora na produtividade que tem relação direta com o desenvolvimento real[146].

Para Jairo Saddi, citando Schumpeter, a "inovação combina fatores de produção de uma maneira inteiramente nova — consiste em realizar novas combinações"[147]. Pondera, ainda, que a inovação:

> só se torna relevante a partir do momento em que é difundida. Os efeitos econômicos não existem sem o uso genérico da inovação (sobre a qual não pensam direitos autorais, registros de marcas ou patentes). Logo, a inovação financeira é uma resposta — a partir de uma renovação de alguns mecanismos já existentes — a um dado estímulo. Mesmo que não seja inteiramente inusitado, é preciso como requisito básico, que a

[144] Cf. Pinheiro, Juliano Lima. Mercado de Capitais. 8ª ed. São Paulo: Atlas, 2016, p. 112.

[145] Pinheiro, Juliano Lima. Mercado de Capitais. 8ª ed. São Paulo: Atlas, 2016, p. 114.

[146] Cf. Saddi, Jairo. Crise e regulação, inovação financeira e algoritmos. *In* Nusdeo, Fabio (coordenador). O Direito Econômico na Atualidade. São Paulo: Editora Revista dos Tribunais, 2015, pp. 74.

[147] Saddi, Jairo. Crise e regulação, inovação financeira e algoritmos. *In* Nusdeo, Fabio (coordenador). O Direito Econômico na Atualidade. São Paulo: Editora Revista dos Tribunais, 2015, pp. 74.

> inovação seja uma resposta a algo fora dos padrões da prática normal da atividade financeira.[148] (com nossos destaques)

Saddi menciona, ainda, que as inovações podem ser produzidas ou induzidas. No primeiro caso, as inovações decorrem dos próprios agentes de mercado, enquanto no segundo, por sua vez, são causadas por terceiros, geralmente autoridades públicas, especialmente para fins de políticas econômicas ou monetárias. As inovações podem, ainda, ser concorrenciais, quando surgem da necessidade de adequar práticas, produtos e serviços às necessidades do consumidor final dentro do conceito de mercado competitivo[149].

Assim, o modelo analisado no presente estudo inova ao permitir o acesso dos investidores de varejo residentes no Brasil a mercados antes pouco acessíveis, utilizando-se, para tanto, estruturas pré-existentes e já de conhecimento desse público, tais como plataformas eletrônicas e sistemas de negociação familiares, como *home broker*, e mecanismos legais de transferências internacionais de recursos.

Pode-se afirmar que esse modelo seria uma inovação produzida pelos agentes privados em resposta a um dado estímulo: o crescente interesse dos investidores de varejo em relação aos mercados estrangeiros.

O modelo pode ser visto também como uma inovação concorrencial, na medida em que as instituições locais (e o mercado local em si) não estariam atendendo de forma satisfatória às necessidades do investidor, que passa a ter interesse em diversificar sua carteira e investir em ativos denominados em outras moedas ou negociados em mercados mais líquidos e robustos que o brasileiro. Ao mesmo tempo, os intermediários estrangeiros tradicionais não estariam atendendo de forma adequada os investidores residentes no Brasil que os alcançam diretamente, talvez por limitações do idioma ou outros elementos.

Nesse contexto, o modelo do intermediário estrangeiro ora analisado se coloca como uma alternativa uma vez que ao mesmo tempo em que

[148] Saddi, Jairo. Crise e regulação, inovação financeira e algoritmos. *In* Nusdeo, Fabio (coordenador). O Direito Econômico na Atualidade. São Paulo: Editora Revista dos Tribunais, 2015, pp. 74.

[149] Cf. Saddi, Jairo. Crise e regulação, inovação financeira e algoritmos. *In* Nusdeo, Fabio (coordenador). O Direito Econômico na Atualidade. São Paulo: Editora Revista dos Tribunais, 2015, pp. 74.

oferece uma via para os mercados estrangeiros, procura fazê-lo com o nível de atendimento e ferramentas em relação às quais o investidor local já estaria habituado (atendimento em português, *home broker* etc.), colocando-se, assim, como competidor tanto dos intermediários locais (sob a perspectiva dos recursos disponíveis para investimento) e dos estrangeiros que atendem residentes no Brasil (em relação ao público-alvo).

O acesso ao mercado internacional, em si, não é uma inovação. Na regulamentação da CVM já existem hipóteses típicas pelas quais o investidor residente no Brasil pode acessar ativos emitidos no exterior, conforme abordado no primeiro capítulo.

Vale mencionar, ainda, que o modelo de disponibilização de telas de acesso à negociação em bolsas estrangeiras no Brasil introduzido pela Instrução CVM nº 461/07 também pode ser visto como uma inovação financeira. Todavia, uma inovação "induzida", adotando-se a terminologia de Jairo Saddi, que representa uma iniciativa da CVM de, ainda em 2007, criar uma "forma de acesso remoto de investidores locais, através de um intermediário local, a operações com valores mobiliários negociados na bolsa em questão [estrangeira]"[150]. Para tanto, o próprio regulador procurou dar uma solução e induzir os participantes do mercado (no caso, investidores, intermediários e bolsas estrangeiras) a adotar a solução provida.

Porém, conforme descrito na seção 1.2.3, essa solução parece não ter atendido aos seus objetivos, vez que, diante da ausência de sua utilização pelo mercado, não se vê surtiu efeitos práticos relevantes.

As inovações em mercados regulamentados, como o mercado de capitais, podem, por si, acarretar desafios para regulação. Um desses desafios seria o "*timing*" da regulamentação decorrente de defasagens, discrepâncias[151] e diferenças de implementação entre o fato representado pela inovação, e o momento de o regulador regulamentar aquele fato.

Defasagem regulatória seria, assim, a percepção pelos reguladores de que o mercado transformou uma inovação em fato. Há, portanto,

[150] BRASIL. Comissão de Valores Mobiliários. Relatório de Análise SDM — Processo nº RJ2003/11142, de 23 de outubro de 2007, p. 35.

[151] Cita-se como exemplo de discrepância regulatória o eventual enquadramento do modelo de negócio ora analisado às disposições dos artigos 67 e seguintes da Instrução CVM nº 461/07.

um lapso, entre o momento em que o regulador se dá conta de que algo novo está acontecendo e de que sua ação legiferante ou regulamentar é necessária — o que parece ser precisamente o caso.

Há, ainda, a defasagem de ação, ou seja, ao perceber que uma interferência de sua parte é premente, o regulador, por vezes, acaba tendo várias considerações a fazer, seja em aspectos estruturais, operacionais, conjunturais e legais, antes de definir o rol de ações a serem adotadas para, concretamente, dar eficácia jurídica às regras a serem adotadas em relação ao fato novo[152] — o que também se verifica no caso em análise, considerando o posicionamento do Colegiado da CVM ao avaliar o tema, ainda em outubro de 2019, ocasião em que requisitou diligências adicionais à área técnica[153].

Conforme mencionado acima, tradicionalmente cabe aos agentes privados a exploração das atividades desempenhadas no mercado de capitais sob a regulamentação do Estado, em que este, por meio de órgãos de regulação e controle, não tende a atuar diretamente, mas sobre a qual ele pode intervir. Essa intervenção ocorre de forma predominante por "direção", isto é, estabelecimento de "mecanismos e normas de comportamento compulsório"[154] para os agentes que ali operam.

Optou-se por utilizar o termo "regulação", neste trabalho, alinhando-se ao pensamento de Otávio Yazbek, para quem a expressão "regulação" engloba atividades estatais que vão desde a criação de normas (regulamentação), passando pela sua implementação por meio de atos administrativos e pela fiscalização de seu cumprimento, até a punição dos infratores. O regulador, assim, "exerce um poder normativo, um poder executivo e um poder 'parajudicial'"[155].

[152] SADDI, Jairo. Crise e regulação, inovação financeira e algoritmos. *In* NUSDEO, Fabio (coordenador). O Direito Econômico na Atualidade. São Paulo: Editora Revista dos Tribunais, 2015, p. 75.

[153] Cf. BRASIL. Comissão de Valores Mobiliários. Ata de Reunião do Colegiado nº 40 de 22.10.2019.

[154] YAZBEK, Otavio. Regulação do mercado financeiro e de capitais. Rio de Janeiro: Elsevier, 2007. p. 179.

[155] YAZBEK, Otavio. Regulação do mercado financeiro e de capitais. Rio de Janeiro: Elsevier, 2007. p. 180.

Para Nelson Eizirik, regulação compreende:

> (...) os instrumentos legais necessários à implementação de objetivos de política econômica ou social.
> A regulação de determinada atividade importa o estabelecimento de limites à atuação dos agentes econômicos, que inexistem quando o mercado é inteiramente livre. (...)
> Assim, as normas poderão ser tidas como reguladoras na medida em que limitem a liberdade dos participantes do mercado, quer quanto à conduta, quer quanto aos bens negociados.[156]

A regulação, destarte, nada mais é que o conjunto de normas que limitam a liberdade de ação e de escolha dos agentes econômicos (empresas, profissionais e consumidores) em um determinado mercado, nos quais o interesse público se sobreleva, e sua aplicação sustenta-se no poder de coerção estatal[157].

Além disso, cumpre esclarecer que este trabalho abordará a regulação contida em normas legais ou regulatórias, que caracterizam a intervenção do Estado na economia como agente regulador. Embora de importância evidente, aspectos relacionados à autorregulação[158] não serão objeto de análise do presente estudo.

Como mencionado na seção 2.1 acima, a regulação de determinada atividade econômica é instrumento pelo qual o Estado procura impor determinados limites de funcionamento, os quais devem ser sempre pautados nos objetivos e princípios da ordem econômica constitucional, mais bem descritos na seção 2.1 acima.

[156] EIZIRIK, Nelson; GAAL, Ariádna B.; PARENTE, Flávia; HENRIQUES, Marcus de Freitas. Mercado de capitais — regime jurídico. 3ª Edição, revista e ampliada. Rio de Janeiro: Renovar, 2011, p. 15.

[157] EIZIRIK, Nelson; GAAL, Ariádna B.; PARENTE, Flávia; HENRIQUES, Marcus de Freitas. Mercado de capitais — regime jurídico. 3ª Edição, revista e ampliada. Rio de Janeiro: Renovar, 2011, p. 16.

[158] Isto é, regulação instituída de modo voluntário ou contratual, estabelecida pelos próprios agentes econômicos, por exemplo, autorregulação da Associação Brasileira das Entidades dos Mercados Financeiro e de Capitais — ANBIMA. Nesse sentido, cf. Nelson Eizirik em EIZIRIK, Nelson; GAAL, Ariádna B.; PARENTE, Flávia; HENRIQUES, Marcus de Freitas. Mercado de capitais — regime jurídico. 3ª Edição, revista e ampliada. Rio de Janeiro: Renovar, 2011, pp. 15 e 16.

Assim como Eizirik o fez em sua obra, este trabalho, ao tratar dos objetivos da regulação do mercado de capitais, fá-lo assumindo que referidos objetivos devem ser norteados pelo interesse público.

Os objetivos da regulação no mercado de capitais orientados pelo interesse público[159] são os seguintes: proteção aos investidores; eficiência do mercado; criação e manutenção de instituições confiáveis e competitivas; evitar a concentração de poder econômico; e impedir a criação de situações de conflitos de interesse.

Os objetivos acima devem guiar a análise da CVM a respeito das matérias controversas que lhe são submetidas, inclusive no que se refere à atuação do intermediário estrangeiro quanto à oferta de serviços a investidores residentes no Brasil.

Com efeito, embora todos os objetivos indicados acima correlacionem-se com o objeto deste estudo, a proteção aos investidores se sobressai — inclusive como resultado da criação e manutenção de instituições confiáveis. Na visão de Eizirik, inclusive, esse seria o objetivo fundamental na regulação do mercado de capitais[160].

Nesse sentido,

> a regulação deve promover a confiança dos investidores nas entidades que emitem publicamente seus valores mobiliários, assim como naquelas que os intermedeiam ou propiciam os locais ou mecanismos de negociação, de custódia, compensação e liquidação das operações.[161]

[159] Há outras teorias que buscam analisar a regulação do mercado de capitais, entre elas a teoria da "captura" e a teoria econômica da regulação desenvolvida pela "Escola de Chicago", que, de certa maneira, é uma variante da teoria da captura. Não se propõe, neste trabalho, adentrar nas especificidades das referidas teorias. Para tanto, cf. Eizirik, Nelson; Gaal, Ariádna B.; Parente, Flávia; Henriques, Marcus de Freitas. Mercado de capitais — regime jurídico. 3ª Edição, revista e ampliada. Rio de Janeiro: Renovar, 2011, pp. 17 e ss.

[160] Cf. Eizirik, Nelson; Gaal, Ariádna B.; Parente, Flávia; Henriques, Marcus de Freitas. Mercado de capitais — regime jurídico. 3ª Edição, revista e ampliada. Rio de Janeiro: Renovar, 2011, p. 20.

[161] Eizirik, Nelson; Gaal, Ariádna B.; Parente, Flávia; Henriques, Marcus de Freitas. Mercado de capitais — regime jurídico. 3ª Edição, revista e ampliada. Rio de Janeiro: Renovar, 2011, pp. 21 e 22.

A proteção aos investidores é provida, basicamente, por meio de normas que disciplinam as condutas[162] dos emissores de valores mobiliários e dos intermediários financeiros, sendo que esta pesquisa se debruçará sobre a atuação desses últimos.

Outro objetivo essencial da regulação, de modo geral, que não deve ser deixado de lado é a busca pelo funcionamento eficiente do mercado, o que, a nível da regulação de condutas, envolve a equiparação informacional, isto é, a divulgação de informações pelos emissores e intermediários de modo a garantir que os demais agentes econômicos estejam em situação de igualdade, no que toca à posse de informações relevantes, e a equidade do sistema.

A assimetria informacional entre os tomadores de recursos e os poupadores investidores é inerente ao mercado, e como há conflitos de interesse entre esses dois polos, existe a dificuldade de monitoramento e influência por parte dos investidores, o que motiva a instituição da regulação informacional[163].

No mesmo sentido, Otavio Yazbek aponta que as assimetrias informacionais se mostram como uma das principais falhas de mercado, impeditivas da eficiência plena do mercado financeiro e de capitais, justificando, assim, as atividades de regulação com as finalidades de proteção sistêmica e de proteção ao consumidor[164].

Um dos papeis centrais da regulação é, portanto, "garantir que o poupador tenha acesso a informações em quantidade e qualidade sufi-

[162] A propósito, vale mencionar que, segundo Otavio Yazbek, há três espécies gerais de regulação financeira: a regulação de condutas, a prudencial e a sistêmica, sendo que o, para os fins deste estudo, o enfoque se centra na primeira. A regulação de condutas ou "transacional" se refere às práticas adotadas pelos agentes de mercado nas suas relações negociais. Assim, são criadas diversas regras (incluindo regras de acesso ao mercado), autorizado ou vedando determinadas práticas, ou, ainda, delimitando operações e estruturas de mercado. Para mais informações sobre regulação prudencial e sistêmica, cf. YAZBEK, Otavio. Regulação do mercado financeiro e de capitais. Rio de Janeiro: Elsevier, 2007, pp. 223 e ss.

[163] Cf. SADDI, Jairo. Crise e regulação, inovação financeira e algoritmos. *In* NUSDEO, Fabio (coordenador). O Direito Econômico na Atualidade. São Paulo: Editora Revista dos Tribunais, 2015, pp. 73.

[164] Cf. YAZBEK, Otavio. Regulação do mercado financeiro e de capitais. Rio de Janeiro: Elsevier, 2007, p. 189.

cientes para poder tomar uma decisão corretora e monitorar o risco de sua aplicação."[165]

O aumento da quantidade e qualidade de informações disponíveis tende a resultar em um processo de formação de preços mais eficiente, bem como tomada de decisões mais racionais, o que resultaria em benefícios para a economia, contribuindo, desta forma, para a proteção do próprio sistema[166].

A prestação e/ou disponibilização de informações claras e suficientes aos investidores pessoa física residentes no Brasil a respeito do investimento no exterior, por meio do intermediário estrangeiro, também é um tema caro para o modelo ora analisado.

Há de se mencionar, ainda, a existência de outros objetivos, como o de criar e manter instituições financeiramente sólidas e competitivas, mediante estabelecimento da regulação prudencial[167], bem como o exercício de controle das posições de poder no mercado (com vistas a evitar monopólios, oligopólios e outras distorções) e o controle da administração de externalidades que podem decorrer de atividades financeiras (com vistas a proteção contra riscos de contágio e outras questões de ordem sistêmica)[168]. Contudo, essas matérias, embora de suma relevância para o funcionamento do sistema financeiro, não guardam grandes afinidades com o tema deste trabalho e, portanto, não serão objeto de análises pormenorizadas.

Atenta aos princípios e objetivos mencionados acima e considerando o cenário de inovação financeira, a CVM vem capitaneando iniciativas para modernizar o mercado de capitais e alinhá-lo às melhores práticas internacionais.

[165] Saddi, Jairo. Crise e regulação, inovação financeira e algoritmos. *In* Nusdeo, Fabio (coordenador). O Direito Econômico na Atualidade. São Paulo: Editora Revista dos Tribunais, 2015, pp. 73.

[166] Cf. Eastebrook, Frank; Fischel, Daniel T. *Mandatory Disclosure and the Protection of Investors*, Virginia Law Review. Charlottesville, Virginia Law Review Association, v. 70, n. 4, mai. 1984, pp. 669-715. *In* Eizirik, Nelson; Gaal, Ariádna B.; Parente, Flávia; Henriques, Marcus de Freitas. Mercado de capitais — regime jurídico. 3ª Edição, revista e ampliada. Rio de Janeiro: Renovar, 2011, p. 22.

[167] Cf. Eizirik, Nelson; Gaal, Ariádna B.; Parente, Flávia; Henriques, Marcus de Freitas. Mercado de capitais — regime jurídico. 3ª Edição, revista e ampliada. Rio de Janeiro: Renovar, 2011, p 23.

[168] Cf. Yazbek, Otavio. Regulação do mercado financeiro e de capitais. Rio de Janeiro: Elsevier, 2007. p. 184.

Como exemplo, cita-se a instituição do chamado "sandbox" regulatório, ou ambiente regulatório experimental, com o objetivo de possibilitar que pessoas jurídicas participantes possam receber autorizações temporárias para testar modelos de negócio considerados inovadores em atividades no mercado de valores mobiliários regulamentadas pela CVM[169].

Algumas das finalidades do *sandbox* regulatório instituído pela CVM são (i) fomentar a inovação no mercado de capitais; (ii) diminuição de custos e do tempo de maturação para desenvolver produtos, serviços e modelos de negócio inovadores; (iii) aumento da competição entre prestadores de serviço e fornecedores de produtos financeiros no mercado de valores mobiliários, (iv) inclusão financeira decorrente do lançamento de produtos e serviços financeiros menos custosos e mais acessíveis, e (v) aprimoramento do arcabouço regulatório. Parece razoável afirmar que os objetivos mencionados acima teriam o condão de guiar, na qualidade de princípios gerais, a atuação da CVM na análise de qualquer modelo de inovação financeira no mercado de capitais — independentemente de elegíveis ao ambiente regulatório experimental.

Outra iniciativa recente que também pode ser vista como uma inovação regulatória é a modernização da regulamentação da atividade de consultoria de valores mobiliários promovida pela Instrução CVM nº 619, de 6 de fevereiro de 2020, que alterou a Instrução CVM nº 592/17 (que, até então regulamentava a atividade) para permitir a atuação, no Brasil, de consultores de valores mobiliários sediados no exterior mediante "reconhecimento da CVM". Segundo a CVM,

> o propósito da modernização da Instrução CVM 592 é alinhar o mercado brasileiro às melhores práticas internacionais, no intuito de dotar o mercado local de maior eficiência, **notadamente no que diz respeito a investimentos de brasileiros nos mercados de capitais de outros países.**[170] (com nossos destaques)

[169] O sandbox regulatório foi instituído por meio da Instrução CVM nº 626/2020, a qual foi revogada, em 11 de maio de 2021, pela Resolução CVM nº 29, que atualmente dispõe sobre as regras para constituição e funcionamento de ambiente regulatório experimental (sandbox regulatório).

[170] BRASIL, Comissão de Valores Mobiliários, Relatório de Análise Audiência Pública SDM nº 01/19 — Processo CVM 19957.0028122019-37, p. 4.

A atividade de consultoria de valores mobiliários é atualmente regida pela Resolução CVM nº 19, de 25 de fevereiro de 2021, que revogou a Instrução CVM nº 592/17 e a Instrução CVM nº 619/2020, porém, manteve, em linhas gerais, as regras aplicáveis à atividade (exceto pelo processo de obtenção de autorização, que passou a ser automático, desde que atendidos certos requisitos), inclusive, com as inovações promovidas pela Instrução CVM nº 619/2020.

Nota-se, assim, que o regulador tem acompanhado de forma atenta esse contexto de inovação no mercado de capitais e buscado um papel de protagonista na modernização do ambiente regulatório, procurando exercer o papel de indutor dos agentes econômicos privados. Contudo, no caso em análise, o papel do regulador seria outro: ao invés de induzir uma conduta, cabe à CVM, com base nos princípios e objetivos da regulação orientada pelo interesse público, regular a atuação de um modelo já produzido pelos agentes privados.

3.2. Riscos decorrentes da atuação do intermediário estrangeiro e sua administração

Diante do contexto de inovação financeira e crescente interesse pelos mercados internacionais, bem como da orientação da regulação de acordo com o interesse público, é possível eleger as seguintes premissas gerais que devem guiar tanto o intermediário estrangeiro (e o intermediário local, conforme se verá adiante) no desempenho de suas atividades de prospecção no Brasil, quanto à atuação da CVM como regulador e fiscalizador dessa atuação: (i) a possibilidade de investimentos de brasileiros nos mercados de capitais de outros países deve ser preservada; (ii) os modelos produzidos pelos agentes econômicos devem ser privilegiados, em observância do princípio da livre iniciativa, sem prejuízo do papel indutor do regulador; e (iii) a atuação da CVM deve ser orientada pela proteção aos investidores e buscar a eficiência do mercado e criação e manutenção de instituições confiáveis e competitivas[171].

[171] Não obstante a importância de se evitar a concentração de poder econômico e impedir a criação de situações de conflitos de interesse, outros objetivos da regulação orientada pelo interesse público, entendeu-se que esses objetivos se relacionavam com menor intensidade ao modelo ora analisado.

Ademais, vale mencionar que para compreensão de novos produtos e serviços financeiros sob a ótica da regulação, deve-se levar em conta as estruturas reais e a sua complexidade[172]. Faz-se necessário, assim:

> a adoção de um novo fio condutor que permita a integração dos produtos financeiros e da atuação dos agentes em um todo mais ou menos conexo, sobre o qual será construído o arcabouço regulatório próprio. **Esse fio condutor pode nascer das discussões acerca de risco e de incerteza e da teorização das formas de sua administração,** conforme já apresentadas.[173] (com nossos destaques)

Nesse sentido, para o estabelecimento de critérios de atuação a serem seguidos, imprescindível se faz levantar quais seriam os principais riscos associados à atuação do intermediário para teorizar, com observância das premissas elencadas acima, as formas adequadas de administração desses riscos.

É importante esclarecer que a regulação não elimina riscos, que são da essência do mercado de capitais. O objetivo, então, é prover uma redução de determinados riscos, não dos riscos dos investimentos, mas daqueles derivados de comportamentos ilegais ou fraudulentos, no intuito de tornar mais fácil e menos arriscado o processo de avaliação dos investimentos[174].

A própria carência de normas representa um risco, na medida em que não existem regras específicas a respeito do modelo analisado que sejam oponíveis aos intermediários locais (sem prejuízo das normas gerais de conduta previstas na Resolução CVM nº 35) e estrangeiros de modo a assegurar os objetivos da regulação. Apesar das manifestações recentes da CVM, o que se tem é um conjunto de critérios mínimos, cuja implementação e evolução ainda não foi testada.

[172] Cf. YAZBEK, Otavio. Regulação do mercado financeiro e de capitais. Rio de Janeiro: Elsevier, 2007, p. 51.

[173] YAZBEK, Otavio. Regulação do mercado financeiro e de capitais. Rio de Janeiro: Elsevier, 2007, p. 51.

[174] Cf. EIZIRIK, Nelson; GAAL, Ariádna B.; PARENTE, Flávia; HENRIQUES, Marcus de Freitas. Mercado de capitais — regime jurídico. 3ª Edição, revista e ampliada. Rio de Janeiro: Renovar, 2011, p. 21.

Quanto aos riscos em si, em primeiro lugar vale mencionar os riscos regulatórios, especialmente aqueles relacionados à (i) ausência de jurisdição da CVM sobre o intermediário estrangeiro, o que pode impossibilitar o exercício da atividade fiscalizatória e implementação de mecanismos efetivos de proteção ao investidor, e (ii) risco de configuração de oferta pública de valores mobiliários estrangeiros no país de forma irregular.

Existem, ainda, riscos de natureza informacional, compreendendo os riscos de (i) ausência de informações suficientes para tomada da decisão de investimento e no idioma do investidor, e (ii) inadequação do investimento ao perfil do investidor.

Também existem riscos que se relacionam com a proteção do próprio mercado, compreendendo riscos (i) de inexistência de autorização do intermediário estrangeiro para realizar atividades de intermediação na sua jurisdição de origem, e (ii) associados à deficiência de mecanismos de prevenção à lavagem de dinheiro e financiamento ao terrorismo.

As próximas seções abordam cada um dos riscos apontados acima, bem como as respectivas diretrizes a serem observadas com o objetivo de mitigá-los.

Vale destacar que o Colegiado da CVM fixou, em 23 de fevereiro de 2021, critérios mínimos a serem observados pelas instituições local e estrangeira no âmbito da parceria celebrada ao amparo do Parecer de Orientação nº 33, os quais são analisados nas páginas seguintes, em especial na seção 3.3.

Não se propõe aqui esgotar todos os riscos que poderiam ser vislumbrados no arranjo ora analisado, mas apenas pontuar aqueles que se destacam e aos quais a própria regulamentação aplicável parece dispor de mecanismos de mitigação.

3.2.1. *Riscos associados à ausência de jurisdição da CVM sobre o intermediário estrangeiro*

Conforme mencionado nos parágrafos acima, a atuação do intermediário estrangeiro, por se desenvolver exclusivamente no exterior, não é alcançada diretamente pelas atribuições da CVM, cuja atuação estaria restrita às medidas necessárias para prevenir e coibir condutas fraudulentas que pudessem gerar efeitos adversos no mercado de capitais do Brasil.

A atividade reguladora seria exercida *a posteriori*, isto é, prescindiria de uma conduta do intermediário estrangeiro com impactos no mercado local. O inverso seria a instituição de regras prévias a serem observadas pelo agente regulado, como condição para o exercício regular da atividade (tal como é a regulação dos agentes locais).

Com isso em vista, ao incluir a figura do intermediário local como responsável pela condução da intermediação no País (conforme alternativa prescrita no Parecer de Orientação nº 33), inclui-se no arranjo um agente que está ao alcance da jurisdição da CVM, sujeito a normas de conduta da regulação local, especialmente quanto ao seu papel de *gatekeeper*.

A participação do intermediário local, assim, mostra-se como uma solução na medida em que funcionaria como "tradutor das exigências regulatórias"[175], responsável por assegurar que os investidores residentes no Brasil tenham acesso prévio a elementos mínimos para a tomada da decisão de investimento (em moldes semelhantes ao que a regulação local prevê sobre investimentos no Brasil) e, ao mesmo tempo, permitir que a CVM, por ter atribuição de fiscalizar e punir o intermediário local, possa exercer controle e fiscalização sobre atividade que, potencialmente, tem impactos no mercado brasileiro.

Essa alternativa, a nosso sentir, mostra-se alinhada aos objetivos da regulação pautada pelo interesse público, bem como preserva a liberdade de iniciativa e a evolução do mercado de capitais.

Nesse sentido foi a conclusão da área técnica da CVM, ao reconhecer que:

> (...) os modelos propostos de parceria entre instituição estrangeira e intermediário nacional para a negociação de valores mobiliários estrangeiros não entram em conflito com as normas locais, adicionam um controle que reforça a segurança do investidor residente no País que deseje aplicar parte de seus recursos no exterior e ampliam as possibilidades de diversificação de portfólio.[176]

[175] Terminologia utilizada pela B3/BSM em manifestação à CVM sobre o tema. Sobre o assunto, cf. Memorando nº 112/2020-CVM/SMI/GME, de 29 de outubro de 2020.

[176] BRASIL, Comissão de Valores Mobiliários. Memorando nº 112/2020-CVM/SMI/GME, de 29 de outubro de 2020, parágrafo 65.

A parceria, assim, deve ser formalizada por escrito, através de contrato entre intermediário estrangeiro e intermediário local, ao amparo do disposto no Parecer de Orientação nº 33.

Nota-se que a celebração de um contrato com disposições mínimas a respeito de regras de conduta que visem à mitigação de riscos aos investidores e ao mercado (regras estas objeto de análise das próximas seções) já se mostra como um bom mecanismo de vinculação dos contratantes, face à ausência de outras previsões, especialmente de normas de natureza regulatória oponíveis ao intermediário estrangeiro, tendo em vista a competência territorial da CVM.

Logo, apesar de a atuação do intermediário estrangeiro estar, a princípio, fora da jurisdição da CVM, que é restrita ao território nacional, é possível dizer que a parceria por ele estabelecida com o intermediário local passa a estar sujeita à regulação da CVM.

Diante da ausência de exigência normativa, é possível concluir, ainda, que não é necessário submeter o contrato celebrado entre intermediário estrangeiro e local à aprovação prévia da CVM — conclusão que vai ao encontro do entendimento da área técnica da CVM[177].

3.2.2. *Risco de configuração de oferta pública de valores mobiliários estrangeiros no país de forma irregular*

Conforme descrito na seção 1.1.3 acima, nenhuma emissão pública de valores mobiliários será distribuída no mercado sem prévio registro na CVM (observadas as exceções previstas na regulamentação). Para que uma oferta de distribuição de valores mobiliários emitidos no exterior se caracterize como pública no Brasil é necessário que seja utilizado um dos meios de comunicação previstos no artigo 19, parágrafo 3º da Lei nº 6.385/76, conforme detalhamento contido no artigo 3º da Instrução 400/03, e a oferta (ou o ofertante) não se enquadre em qualquer das exceções existentes na regulamentação da CVM.

Assim, para assegurar que o modelo de oferta no Brasil, dos serviços de intermediação prestados no exterior não se confunda com uma oferta pública de valores mobiliários, é imprescindível que nenhum valor mobiliário específico seja objeto dos esforços de prospecção de clientes no Brasil, nos termos pormenorizados na seção 1.1.3 acima.

[177] Cf. BRASIL, Comissão de Valores Mobiliários. Memorando nº 94/2019-CVM/SMI/GME, de 7 de outubro de 2019, parágrafos 30 e 34.

3.2.3. *Riscos associados à ausência de informações suficientes para tomada da decisão de investimento e no idioma do investidor*

Tendo em vista o empreendimento de esforços para prospecção de clientes residentes no Brasil, pressupõe-se que devam ser disponibilizados canais em português para atendimento dos clientes. Porém, apesar da obviedade da premissa, é possível que na prática o intermediário estrangeiro limite as informações no vernáculo àquelas suficientes para atração dos investidores, não se propondo a "traduzir" as informações a respeito dos investimentos em si para a língua pátria de seus clientes.

Vale ponderar, contudo, que não seria razoável, por exemplo, que todos os documentos divulgados por emissores de valores mobiliários estrangeiros (tais como prospectos, fatos relevantes entre outros) fossem traduzidos, sob pena de inviabilização dos serviços. Embora acessíveis a investidores residentes no Brasil, especialmente os de varejo, trata-se de investimento no exterior, conforme as regras aplicáveis e idioma da respectiva jurisdição.

Logo, parece adequado que o intermediário local tenha prerrogativas de fazer um juízo prévio, baseado na razoabilidade (com a correspondente responsabilidade), sobre informações disponíveis no idioma estrangeiro que devem ser disponibilizadas em português a fim de garantir o acesso dos clientes residentes no Brasil a todas as informações necessárias não só para a contratação dos serviços do intermediário estrangeiro, mediante abertura da conta, mas para realização e acompanhamento de seus investimentos.

Não obstante, caberia ao intermediário local assegurar que ao menos informações razoavelmente suficientes para a tomada de decisão de investir fora do País devem ser disponibilizadas aos investidores prospectados.

Entre as informações a serem disponibilizadas em português estariam aquelas sobre os riscos relacionados a cada modalidade de ativo, por exemplo, ações, fundos de investimento imobiliários, fundos de índice, entre outros, bem como orientações sobre canais de contato, ouvidorias e mecanismos de proteção e ressarcimento de prejuízos eventualmente aplicáveis[178] e canais para verificação da regularidade do intermediário estrangeiro na respectiva jurisdição.

[178] Por exemplo, a *Securities Investor Protection Corporation — SIPC*, nos EUA. Para mais informações, cf. https://www.sipc.org/.

Imprescindível, também, informar de forma clara a limitação de jurisdição da CVM, restrita apenas ao território nacional e poder de supervisão limitado ao intermediário local.

Recomendável, ainda, indicar informações claras relacionadas aos mecanismos de transferência de valores, pagamento de impostos e eventuais comunicações ao Banco Central do Brasil[179].

3.2.4. *Risco de inadequação do investimento ao perfil do investidor*

É importante esclarecer que o modelo de investimento direto em ativos estrangeiros ora em análise, corroborado pelas regras cambiais, pretende ser acessível para os investidores de varejo que, por definição, não se qualificam como investidores qualificados[180].

Esse tema, inclusive, foi objeto de indagação por parte do Colegiado da CVM[181], ao questionar se haveria incoerência regulatória entre o modelo proposto e as disposições da Instrução CVM nº 461/07 que tratam da disponibilização das telas de acesso à negociação em bolsas estrangeiras por meio de intermediário local, modalidade que, nos termos da regulamentação vigente, é restrita a investidores qualificados.

Conforme mencionado na seção 1.2.3, os modelos são diferentes e poderiam coexistir no regime regulatório se que isso implicasse qualquer incoerência.

À época das discussões a respeito da instituição da modalidade, ainda em 2007, a CVM se manifestou como favorável "à existência do limite mais alto de qualificação dos investidores neste momento em que se promove uma primeira abertura do mercado brasileiro para admitir a

[179] A esse respeito, ver seção 1.1.1 acima.

[180] Nos termos do artigo 12 da Resolução CVM nº 30, são investidores qualificados: (i) investidores profissionais (listados no artigo 9º-A da mesma norma), (ii) pessoas naturais ou jurídicas que possuam investimentos financeiros em valor superior a R$ 1.000.000,00 (um milhão de reais) e que, adicionalmente, atestem por escrito sua condição de investidor qualificado mediante termo próprio; (iii) as pessoas naturais que tenham sido aprovadas em exames de qualificação técnica ou possuam certificações aprovadas pela CVM como requisitos para o registro de agentes autônomos de investimento, administradores de carteira, analistas e consultores de valores mobiliários, em relação a seus recursos próprios; e (iv) clubes de investimento, desde que tenham a carteira gerida por um ou mais cotistas, que sejam investidores qualificados.

[181] Cf. BRASIL. Comissão de Valores Mobiliários. Ata de Reunião do Colegiado nº 40 de 22 de outubro de 2019, p. 4.

instalação das telas estrangeiras."[182] Por essa razão, a autarquia restringiu o acesso às telas de negociação à investidores qualificados.

Passados treze anos, parece-nos que a limitação do investimento no exterior apenas a investidores qualificados não encontra razão diante da mudança do perfil dos investidores de varejo no Brasil, que passam a buscar exposição em ativos de renda variável.

Segundo estudo divulgado pela B3 em abril de 2020 a respeito do perfil do investidor pessoa física na bolsa brasileira, houve um crescimento na base de investidores pessoa física no mercado de *equities* (ações, BDRs, ETFs, fundos de investimento imobiliário — FII e índices), sendo que aproximadamente 700 mil investidores ingressaram na bolsa em 2019 e nos três primeiros meses de 2020 houve um acréscimo de aproximadamente 400 mil novos investidores pessoas físicas. Foi verificado, ainda, que dos 223 mil novos investidores ingressantes na bolsa em março de 2020, 30% (trinta por cento) fez o primeiro investimento com menos de R$500,00. De acordo com o estudo, carteiras com até R$10.000,00 representaram 54% dos investidores na bolsa, em março de 2020[183].

No Brasil, o investimento em ações, FIIs e outros ativos listados em bolsa não é restrito a investidores qualificados, apesar de o investimento em ações ser classificado no nível 4 em uma escala de 0 a 5, de acordo com as Regras e Procedimentos ANBIMA do Código de Distribuição de Produtos de Investimento[184].

Além disso, diferentemente do cenário em 2007, é lugar comum afirmar que hoje há uma infinidade de informações sobre investimentos disponível na internet, inclusive materiais educacionais divulgados pela própria CVM, por meio do portal https://www.investidor.gov.br/, e outros canais patrocinados por participantes do mercado brasileiro.

[182] BRASIL. Comissão de Valores Mobiliários. Relatório de Análise SDM — Processo nº RJ2003/11142, de 23 de outubro de 2007, p. 38.

[183] Cf. B3 S.A. — Brasil, Bolsa, Balcão. B3 divulga estudo sobre o perfil dos investidores pessoa física na bolsa. Publicado em 19 de maio de 2020 disponível em http://www.b3.com.br/pt_br/noticias/pessoa-fisica.htm, acesso em 30 de julho de 2020.

[184] Cf. ANBIMA, Regras e Procedimentos ANBIMA do Código de Distribuição de Produtos de Investimento. Publicado em 11 de novembro de 2019, p. 12, disponível em https://www.anbima.com.br/data/files/92/76/52/EC/B349E61055FEC5E6192BA2A8/Regras_e_Procedimentos_do_Codigo_de_Distribuicao_11.11.19.pdf, acesso em 20 de julho de 2020.

Nesse contexto de inovação financeira, soa irrazoável restringir o acesso aos mercados internacionais a investidores qualificados os quais sempre tiveram acesso aos mercados estrangeiros, fosse por meio de produtos financeiros disponíveis no Brasil (como BDR e fundos de investimento) ou por intermédio de *private bankers*.

Vale mencionar também que desde setembro de 2020, aos investidores de varejo é permitida a aquisição de BDRs Patrocinado Nível I (tema da seção 1.2.2 acima).

Importante notar, ainda, que a CVM, ao regular a figura do consultor estrangeiro, fê-lo no intuito de prover o mercado local de maior eficiência, especialmente no que diz respeito a investimentos de brasileiros nos mercados de capitais de outros países[185], e não restringiu a contratação desses consultores a investidores qualificados, o que demonstra a sensibilidade do regulador a respeito do direito de qualquer investidor poder investir nos mercados internacionais.

Ademais, vale relembrar que a regulamentação do mercado de câmbio, notadamente a editada pelo CMN, não impõe qualquer restrição à realização de operações de câmbio para realização de investimentos no exterior por parte de pessoas físicas que não se qualifiquem como investidor qualificado (conforme exposto na seção 1.1.1 acima).

Seria, assim, um contrassenso e uma incoerência regulatória limitar a oferta dos serviços do intermediário estrangeiro apenas a investidores qualificados quando, a bem da verdade, ao investidor de varejo já é permitido, pelas regras cambiais, investir diretamente no exterior, de modo que qualquer restrição com base na qualificação do investidor provocaria a seguinte situação: o investidor pessoa física poderia acessar os mercados internacionais diretamente, sem qualquer amparo ou auxílio de uma instituição integrante do sistema de valores mobiliários brasileiro (como ocorre no modelo de atuação do intermediário estrangeiro ora em análise), mas não poderia fazê-lo caso houvesse oferta de serviços do intermediário estrangeiro no Brasil, conduzida por instituição local, com a observância de diretrizes e sob a fiscalização da CVM.

Parece-nos que a discussão deveria ser no sentido da flexibilização de alguns produtos hoje permitidos apenas a investidores qualificados do

[185] Cf. BRASIL, Comissão de Valores Mobiliários, Relatório de Análise Audiência Pública SDM nº 01/19 — Processo CVM 19957.0028122019-37, p. 4.

que a respeito da ampliação de restrições, considerando um contexto de facilidade de acesso à informação e avanço tecnológico.

Contudo, permitir aos investidores de varejo o acesso aos serviços do intermediário estrangeiro não implica eliminar as obrigações de verificação da adequação dos produtos, serviços e operações ao perfil do cliente, nos termos da Resolução da CVM nº 30.

No arranjo estabelecido entre intermediário estrangeiro e local, caberia a esse último realizar procedimentos de *suitability* em relação aos clientes prospectados, considerando o perfil de risco de cada um deles, tal como é feito em relação aos investimentos em bolsa no Brasil.

Assim, enquanto não estabelecidas regras ou perfis de risco específicos[186], sugere-se que a indicação do investimento no exterior, por meio da contratação dos serviços do intermediário estrangeiro, seja classificada de forma semelhante ao investimento no respectivo ativo em bolsa no Brasil.

Por exemplo, o risco associado a uma ação negociada nos EUA (*stock*), seria, exclusivamente para fins de atribuição do risco do produto, igual ao de uma ação negociada na bolsa brasileira. Igualmente, aplicar-se-ia a mesma abordagem para REIT (*real estate investment trust*) e ETF (*exchange-traded fund*), assemelhando-os aos fundos de investimento imobiliário e aos fundos de índice negociados em bolsa no Brasil.

Vale mencionar que o Colegiado da CVM fixou como critério do modelo de negócio ora em análise que apenas serviços prestados pelo intermediário estrangeiro em "mercados reconhecidos" sejam objeto de oferta no Brasil. Os mercados reconhecidos, por sua vez, são todos ambientes de bolsa (veja seção 1.2.2 acima).

Apesar de nossas reservas quanto a adequabilidade desse critério em si (o que é objeto de análise da seção 3.3 abaixo), parece-nos que a melhor abordagem, inclusive para fins de consistência, seria a equiparação do risco dos produtos estrangeiros aos seus equivalentes negociados na bolsa local.

[186] Pondera-se que tais regras específicas deveriam levar em conta também a jurisdição em que o ativo é negociado, considerando que, sob uma perspectiva econômica, mercados mais maduros e com moedas mais fortes, tais como os EUA, potencialmente seriam menos arriscados que o mercado brasileiro. Inclusive, esse seria um dos motivos para que investimentos no exterior tenham se tornado atrativos nos últimos anos. Logo, seria razoável que as discussões sobre risco de tais produtos e serviços também levassem em conta esses critérios, sob pena de não refletir a realidade econômica.

Caberia ao intermediário local, ainda, assegurar que o intermediário estrangeiro esteja em conformidade com as regras de *suitability* a ele aplicáveis na sua jurisdição de origem, podendo o contrato estabelecer intercâmbio de informações nesse sentido para que cada uma das instituições possa cumprir com as suas respectivas obrigações de adequação do produto ao perfil do cliente e monitoramento, conforme oponíveis a eles nas suas respectivas jurisdições.

3.2.5. *Risco decorrente da (ir)regularidade do intermediário estrangeiro em sua jurisdição de origem*

Com o objetivo de mitigar o risco de que intermediários em situação irregular nas suas respectivas jurisdições possam ofertar seus serviços a investidores residentes no Brasil, deve o intermediário local contratado, consoante dever de diligência, verificar se o intermediário estrangeiro é instituição devidamente registrada para prestação de serviços de intermediação de operações com valores mobiliários no seu país de origem.

Com o objetivo de garantir critérios mínimos de equivalência entre regimes regulatórios, sugere-se, ainda, como requisito de admissibilidade que o intermediário estrangeiro esteja registrado e submetido à supervisão por autoridade competente em seu país de origem com a qual a CVM tenha celebrado acordo de cooperação mútua que permita o intercâmbio de informações sobre os seus supervisionados, ou que seja signatária do memorando multilateral de entendimentos da Organização Internacional das Comissões de Valores — OICV/IOSCO.

Essa foi uma das ponderações feitas pelo Colegiado da CVM ao avaliar as proposições do Memorando nº 94/2019-CVM/SMI/GME. Na ocasião, ponderou o Colegiado se a adesão ao memorando multilateral da IOSCO seria o critério mais adequado para delimitar as jurisdições dos intermediários estrangeiros, considerando que o referido memorando não asseguraria, obrigatoriamente, a equivalência entre os regimes regulatórios[187].

A adoção do mencionado critério não tem o condão de garantir a equivalência entre os regimes regulatórios de forma ampla — o que a nosso sentir não seria possível, considerando as diferenças estruturais

[187] Cf. BRASIL. Comissão de Valores Mobiliários. Ata de Reunião do Colegiado nº 40 de 22 de outubro de 2019, p. 5.

entre os vários regimes jurídicos adotados nos diversos países, especialmente Estados Unidos da América e Reino Unido, vis-à-vis, o regime jurídico brasileiro.

A diferença entre os regimes do intermediário estrangeiro àquele aplicável aos intermediários locais é uma das justificativas para que exista o estabelecimento de vínculo contratual entre ambos, pelo qual o intermediário local funciona como uma espécie de "calibrador" das obrigações e responsabilidades, assegurando ao investidor residente no Brasil o tratamento mais próximo possível daquele que é exigido das instituições intermediárias locais e nivelando as exigências regulatórias no que toca a cadastro, *suitability*, assimetria de informações e garantia da regularidade da instituição estrangeira contratada.

A IOSCO *(International organization of Securities Commission)*, oficialmente criada em 1983 (embora na prática já existisse desde 1975), congrega em seus comitês representantes de mais de 80 países, provenientes dos reguladores nacionais (aí incluída a CVM) e de entidades autorreguladoras. A entidade tem desenvolvido, no correr da sua existência, esforços para o aprimoramento e a uniformização de práticas diversas nos mercados de valores mobiliários, englobando a assinatura de protocolos de troca de informações entre os diversos reguladores, a harmonização de procedimentos operacionais, contábeis, de custódia e de liquidação de operações[188].

Parece-nos que a adesão ao memorando multilateral da IOSCO poderia ser um critério satisfatório para a finalidade proposta, qual seja, assegurar critérios de equivalência mínimos, inclusive para fins de consistência regulatória, bem como mecanismos de intercâmbio de informações entre reguladores.

A Instrução CVM nº 619/20, que alterou a Instrução CVM nº 592/17[189] para permitir o reconhecimento de consultores de valores mobiliários estrangeiros pela CVM, habilitando-os a atuar no Brasil, estabeleceu, como requisito de admissibilidade do consultor, que este esteja sob a

[188] Cf. YAZBEK, Otavio. Regulação do mercado financeiro e de capitais. Rio de Janeiro: Elsevier, 2007, p. 216.

[189] Vale notar que a Instrução CVM 592/17 e a Instrução CVM nº 619 foram revogadas pela Resolução CVM 19, que manteve, em linhas gerais, as mesmas regras de atuação dos consultores de valores mobiliários, exceto pelo processo de obtenção de autorização, que passou a ser automático, desde que atendidos certos requisitos.

supervisão de autoridade competente em seu país de domicílio e que referida autoridade tenha celebrado acordo de cooperação mútua com a CVM, que permita o intercâmbio de informações, ou que seja signatária do memorando multilateral da IOSCO[190]. Esse critério foi preservado pela Resolução CVM 19.

Além disso, destaca-se que o arranjo proposto pelo Parecer de Orientação nº 33 beneficia os investidores residentes no Brasil, considerando que ao intermediário local caberia o cumprimento da regulamentação a ele aplicável no Brasil, em especial a Resolução CVM 35 e a Resolução CVM nº 50. Nesse sentido, o intermediário local, em observância do seu dever de diligência previsto no artigo 31 da Resolução CVM 35, teria de verificar a regularidade da atuação do intermediário estrangeiro, o que nem sempre é passível de ser verificado pelo investidor residente no Brasil, de forma autônoma[191].

Contudo, apesar de a área técnica da CVM propor, como critério de elegibilidade da parceria que o intermediário estrangeiro seja proveniente de jurisdições com as quais a CVM mantém acordo de cooperação bilateral ou que sejam signatários do memorando multilateral da IOSCO, a sugestão não foi mantida pelo Colegiado da CVM[192].

De todo modo, não há prejuízo para que tal critério seja adotado, de modo facultativo, pelos intermediários locais, o que representaria diligência adicional e elemento mitigador de risco para os investidores brasileiros.

3.2.6. *Risco associados à deficiência de mecanismos de prevenção à lavagem de dinheiro e financiamento ao terrorismo*

Preliminarmente, vale mencionar que a CVM editou nova norma a respeito da prevenção à lavagem de dinheiro e ao financiamento ao terrorismo (PLDFT) no âmbito do mercado de valores mobiliários. Trata-se da Instrução CVM nº 617, de 5 de dezembro de 2019, que revogou a Instrução CVM nº 301/99 a partir de 1º de outubro de 2020[193]. Vale mencio-

[190] Cf. BRASIL. Comissão de Valores Mobiliários. Instrução nº 592/17, artigo 6º-A, parágrafo 1º.

[191] Cf. BRASIL, Comissão de Valores Mobiliários. Memorando nº 94/2019-CVM/SMI/GME, de 7 de outubro de 2019, parágrafo 26.

[192] Cf. Ata de Reunião do Colegiado nº 8 de 23 de fevereiro de 2021, p. 7.

[193] O principal intuito da edição da nova norma é modernizar a regulação do mercado de valores mobiliários brasileiro no tocante à prevenção à lavagem de dinheiro e ao financia-

nar que no âmbito dos esforços de revisão e consolidação de atos normativos, a CVM publicou, em 31 de agosto de 2021, a Resolução CVM nº 50, que revogou a Instrução CVM 617 e a Nota Explicativa à Instrução CVM 617, sem, contudo, promover mudanças de mérito (ressalvada a inclusão de novos agendes no rol de pessoas politicamente expostas). A Resolução CVM nº 50 entrou em vigor em 1º de outubro.

Os intermediários locais contratados devem se adaptar à nova regra o que inclui a estruturação de políticas de PLDFT, realização de avaliações periódicas de risco e reformulação das regras, procedimentos e controles internos. Nesse sentido, as diretrizes ora sugeridas devem se encaixar nessa nova realidade regulatória e estar orientadas para o atingimento dos objetivos da Resolução CVM nº 50.

Assim, parece adequado afirmar que essas diretrizes deveriam compor as regras, procedimentos e controles internos de PLDFT de intermediários locais contratados para conduzir a oferta de serviços dos intermediários estrangeiros.

Como passo inicial, caberia ao intermediário local verificar, antes da oferta dos serviços do intermediário estrangeiro, a existência de controles adequados dos riscos de PLDFT adotados pelo intermediário estrangeiro[194].

Indo além, razoável sugerir que obrigações de compartilhamento de informações cadastrais, especialmente para fins de atendimento de exigências e fiscalizações dos respectivos reguladores, tenham natureza bilateral.

Propõe-se também como critério de admissibilidade que o intermediário estrangeiro adote práticas e procedimentos para garantir, em relação a valores oriundos ou destinados ao Brasil, a identificação da origem dos recursos depositados nas contas de investimento por ele mantidas bem como destino dos saques e transferências.

Como um dos objetivos da participação do intermediário local é, notadamente, assegurar a presença de uma instituição regulada no Brasil,

mento do terrorismo, fazendo-o de modo plenamente alinhado às diretrizes dos principais organismos internacionais que lidam com essa temática, em especial o Grupo de Ação Financeira contra a Lavagem de Dinheiro e o Financiamento do Terrorismo — GAFI. Nesse sentido, Cf. BRASIL, Comissão de Valores Mobiliários. Nota Explicativa à Instrução CVM nº 617/19, de 5 de dezembro de 2019.

194 Cf. BRASIL, Comissão de Valores Mobiliários. Nota Explicativa à Instrução CVM nº 617/19, de 5 de dezembro de 2019, p. 5.

responsável por assegurar a observância da regulamentação local, é razoável exigir que o cliente indicado ao intermediário estrangeiro seja, previamente, cadastrado junto ao intermediário local, consoante as regras aplicáveis no Brasil em relação aos seus demais clientes, de modo a garantir a aplicação dos procedimentos de cadastro e prevenção à lavagem de dinheiro previstos na regulamentação local.

3.3. Comentários à decisão do Colegiado da CVM proferida em 23 de fevereiro de 2021

Conforme mencionado ao logo deste trabalho, sobreveio a decisão do Colegiado da CVM, proferida em 23 de fevereiro de 2021, referente à consulta da Superintendência de Relações com o mercado e Intermediários — SMI sobre oferta de serviços de intermediação de valores mobiliários por intermediário estrangeiro por meio de parceria com intermediário nacional — processos SEI 19957.01715/2018-37 e 19957.000495/2019-14[195], pela qual a CVM fixou entendimento sobre o modelo de atuação do intermediário estrangeiro ora debatido.

Na ocasião, além de ratificar o entendimento sobre a inexistência de óbice, nas normas vigentes, no oferecimento, a residentes no Brasil, de serviços de intermediação de valores mobiliários prestados por instituições estrangeiras, "desde que ocorra exclusivamente por meio da contratação de instituição integrante do sistema de distribuição de valores mobiliários brasileiro"[196], o Colegiado da CVM aprovou os critérios mínimos para desenvolvimento desse tipo de contratação, quais sejam:

(a) verificação da regularidade do contratante estrangeiro pelo parceiro nacional, assegurando-se que se trata de instituição devidamente autorizada a funcionar no seu país de origem;

(b) o intermediário estrangeiro deve estar ofertando no Brasil serviços relacionados à sua atuação em mercado reconhecido, nos termos da regulamentação aplicável;

(c) todo o esforço de captação de investidores residentes no Brasil, inclusive por meio de publicidade ou esforço de comunicação, deve ser feito por integrantes do sistema de intermediação de

[195] Disponível em http://conteudo.cvm.gov.br/decisoes/2021/20210223_R1.html acesso em setembro de 2021.

[196] Cf. Ata de Reunião do Colegiado nº 8 de 23 de fevereiro de 2021, p. 7.

valores mobiliários (parceiro nacional), destacando a sua própria marca, a do intermediário estrangeiro e sua estrutura, os serviços a serem prestados, sua área de atuação, bem como as diligências feitas pelo intermediário local em relação ao estrangeiro e os riscos relacionados ao investimento no exterior;

(d) prestação, pelo intermediário brasileiro, de informações aos clientes, em português e de forma clara, de todos os elementos necessários para a adequada tomada de decisão de investimento, incluindo as exigências relacionadas à transferência de valores, ao pagamento de impostos e à comunicação ao BACEN, além de esclarecimento sobre os riscos relacionados ao investimento no exterior, as proteções disponíveis para o investidor na jurisdição estrangeira e sobre a limitação da jurisdição da CVM, restrita apenas ao território nacional e, portanto, ao seu poder de supervisão limitado ao intermediário local;

(e) prestação, pelo intermediário brasileiro, de informações aos clientes, em português e de forma clara, de todos os elementos necessários para a adequada tomada de decisão de investimento, incluindo descrição dos riscos inerentes ao investimento no exterior e das exigências relacionadas à transferência de valores e ao pagamento de impostos, além de esclarecimento sobre as proteções disponíveis para o investidor na jurisdição estrangeira e sobre a limitação da jurisdição da CVM, restrita apenas ao território nacional e, portanto, ao seu poder de supervisão limitado ao intermediário local;

(f) proibição à menção a ativos específicos no material de divulgação utilizado, de forma a garantir que a oferta feita ao investidor residente no Brasil seja apenas a dos serviços de intermediação;

(g) indicação restrita a investidores com perfil de risco adequado, identificado na forma prevista na Resolução CVM 30;

(h) manutenção pelo intermediário nacional do cadastro dos investidores captados, de acordo com os requisitos da regulamentação em vigor;

(i) exigência que o intermediário estrangeiro preste informações periódicas ao intermediário brasileiro para que este monitore os clientes em comum e atue como um *gatekeeper*, em relação aos procedimentos de *suitability*, *best execution*, *know your client* (KYC) e prevenção à lavagem de dinheiro e financiamento ao terrorismo — PLDFT; e

(j) exigência de que o intermediário estrangeiro se comprometa a não aceitar e a não manter investidores residentes no Brasil que não tenham passado pelo crivo do intermediário brasileiro.

O objetivo desta seção é, pois, tecer alguns comentários aos critérios fixados pelo Colegiado da CVM, considerando as premissas delineadas ao longo deste trabalho, em especial, a regulação voltada ao interesse público e os princípios que devem guiar a atuação do regulador no contexto da inovação financeira.

Em primeiro lugar, em nosso entendimento a decisão acerta ao ratificar a possibilidade de atuação do intermediário estrangeiro, que contrataria com o intermediário local a fim de viabilizar uma parceria para condução, no Brasil, da oferta dos serviços de intermediação prestados no exterior. O regulador, assim, reiterou a aplicabilidade do permissivo descrito no Parecer de Orientação nº 33 e não se omitiu de decidir sobre o tema, sob o argumento de que deveria ser objeto de audiências públicas e elaboração de norma específica.

Em relação aos critérios fixados, nota-se que boa parte deles evidencia a sensibilidade do regulador à necessidade de mitigação dos riscos decorrentes da atuação do intermediário estrangeiro, em especial, os riscos indicados na seção 3.2, sem, contudo, impor critérios excessivos que inviabilizariam o desenvolvimento desse tipo de modelo de negócio. Novamente, entendemos como acertada a iniciativa da CVM.

Por exemplo, nota-se que o critério fixado no item "a" acima tem o condão de mitigar os riscos regulatórios descritos nas seções 3.2.1 (riscos associados à ausência de jurisdição da CVM sobre o intermediário estrangeiro) e 3.2.5 (risco decorrente da (ir)regularidade do intermediário estrangeiro em sua jurisdição de origem) acima.

Já o indicado no itens "c", ao estabelecer que somente o intermediário local pode empreender esforços de venda no Brasil, visa garantir que a CVM tenha competência para supervisionar todo e qualquer ato de prospecção empreendido no Brasil, bem como assegurar que informações mínimas sejam fornecidas ao público alvo de tais esforços de prospecção, assegurando-se assim o tratamento dos riscos descritos nas seções 3.2.1 e 3.2.3 (riscos associados à ausência de informações suficientes para tomada da decisão de investimento e no idioma do investidor), respectivamente.

Igualmente, os critérios indicados nas alíneas "d" e "e", ao fixarem o conteúdo mínimo das informações a serem prestadas pelo intermediário local aos clientes, em português e de forma clara, funcionam como importante guia na elaboração dos conteúdos a serem divulgados, bem como mecanismo de tratamento dos riscos associados à assimetria informacional, sobretudo, daquele indicado na seção 3.2.3 acima.

Os critérios descritos nos itens "f" e "g" claramente são uma resposta aos riscos indicados nas seções 3.2.2 e 3.2.4, respectivamente.

A obrigatoriedade de manutenção de cadastro dos clientes prospectados pelo intermediário local, conforme prevista na alínea "h", também se mostra como um elemento mitigador do risco descrito na seção 3.2.4, bem como daquele indicado na seção 3.2.6. Esse critério tem o condão de afastar que a utilização de intermediários locais ocorra como mera formalidade, sem o efetivo desempenho de funções de *gatekeeper,* inerentes à regulação local e proteção do investidor.

Ainda, a exigência de que o intermediário estrangeiro preste informações periódicas ao intermediário local, conforme indicação do critério descrito na alínea "i" acima, igualmente encontra correspondência nos potenciais riscos indicados nas seções 3.2.5 e 3.2.6 acima, apresentando-se como potencial ação mitigadora.

Quanto aos critérios indicados nos itens "b" e "j", apesar de reconhecermos como louvável as intenções do regulador, esses critérios não parecem guardar correspondência com os riscos indicados na seção 3.2 acima, ou, tampouco, afinidade com os objetivos da regulação voltada ao interesse público.

Em relação ao critério "b" — que não estava previsto nos requisitos incialmente indicados pela área técnica, objeto do Memorando nº 112/2020-CVM/SMI/GME, representando, portanto, uma inovação às conclusões da área técnica —, a justificativa para sua imposição foi no sentido de que "(...) se deve ser mais seletivo em um estágio inicial do modelo proposto, de modo a se poder avaliar com mais segurança o seu funcionamento"[197]. Não resta claro, contudo, qual seria o parâmetro utilizado para se definir esse grau de seletividade.

[197] Cf. Ata de Reunião do Colegiado nº 8 de 23 de fevereiro de 2021, p. 7.

Não parece que o critério foi em relação ao risco do ativo, pois ao se restringir apenas aos ativos negociados em mercados reconhecidos que, por sua vez, são mercados de bolsa, podem estar sendo excluídos títulos do tesouro e/ou fundos de investimento com liquidez diária, por exemplo, teoricamente com risco inferior a ações negociadas em bolsa, por exemplo.

A bem da verdade, para o consumidor, quanto mais serviços forem objeto da oferta conduzida pelo intermediário local, melhor, dado que mais informações claras e em português sobre as características e riscos desses serviços (e produtos correlatos) teriam de ser disponibilizadas pelo intermediário brasileiro, em atenção aos critérios descritos nos itens "c", "d" e "e".

Parece-nos que o efeito da imposição desse critério, de certo modo, seria restringir os serviços objeto da oferta no Brasil aos produtos que podem servir de lastro para BDR, na medida em que o critério adotado é aquele aplicável aos programas de BDR Patrocinado Nível I, permitidos a investidores em geral[198]. Vale lembrar que BDR são valores mobiliários emitidos no Brasil e, apesar de permitir exposição a valores mobiliários, emitidos, registrados e negociados no exterior, não equivalem ao investimento direto no exterior — especialmente porque são denominados em reais, não servindo, assim, de salvaguarda quanto à desvalorização dessa moeda.

Outro potencial efeito tem natureza concorrencial, já que a exigência do critério indicado na alínea "b", ao aproximar o novo modelo de negócios a produto já oferecido no Brasil, sem a interveniência de um intermediário estrangeiro, parece ter a intenção de evitar que se configure eventual concorrência desleal em relação aos produtos locais. Teoricamente, a ausência desse quesito poderia representar menores ônus ou exigências aos intermediários estrangeiros, mesmo que esses atuando por intermediários nacionais, o que poderia, em tese, acarretar assimetria e "tratamento disfuncional de participantes de mercado equiparáveis"[199], ocasionando desvantagens competitivas e redirecionamento da poupança para os mercados externos[200].

[198] Para mais informações, ver seção 1.2.2 acima.

[199] Cf. BRASIL. Comissão de Valores Mobiliários. Memorando nº 112/2020-CVM/SMI/GME, de 29 de outubro de 2020, p. 9.

[200] A esse respeito, a área técnica da CVM relata que foram recebidos alguns comentários de participantes do mercado, quando instados a se manifestar sobre o modelo de atuação do intermediário estrangeiro em parceria com o intermediário local.

De fato, conforme indicado ao longo deste trabalho, as inovações podem ter natureza concorrencial, quando surgem da necessidade de adequar práticas, produtos e serviços às necessidades do consumidor final dentro do conceito de mercado competitivo. É precisamente o caso do modelo em questão, que pode, de fato, representar competição tanto aos intermediários locais (sob a perspectiva da concorrência pelos recursos disponíveis para investimento) quanto aos estrangeiros que atendem residentes no Brasil (em relação ao público-alvo)[201].

Por outro lado, vale ponderar que, na medida em que a oferta dos serviços do intermediário estrangeiro deve ser conduzida por um intermediário local, a parceria pode significar uma nova linha de negócio para esses participantes do mercado. Razoável concluir que, ao mesmo tempo que o intermediário estrangeiro obtém uma vantagem ao contratar com o intermediário local para poder prospectar clientes no Brasil, na forma aqui debatida, o intermediário local também é beneficiado, na medida em que, por meio da parceria, passa a poder oferecer a seus clientes a possibilidade de diversificação geográfica da carteira (e ser remunerado por isso). Assim, a própria imposição da contratação do intermediário local, que é o critério fundamental do modelo ora aventado, já funcionaria como elemento de equilíbrio a fim de se evitar tratamento disfuncional.

Não se vislumbra, assim, prejuízo ao consumidor final ou aos intermediários locais, ao contrário, abrem-se novas possibilidades de investimento e linhas de negócio, contribuindo, portanto, para o desenvolvimento do mercado.

Vale lembrar, ainda, que a regulação focada no interesse público deve observar, também, os princípios da ordem econômica, entre eles, o da livre concorrência (abordados na seção 2.1), de modo que a imposição de obstáculos irrazoáveis poderia representar prática anticompetitiva.

Restringir a oferta apenas aos serviços relacionados à atuação do intermediário estrangeiro em mercados reconhecidos parece não ser a melhor abordagem, pois, não traria benefícios relevantes aos investidores e aos intermediários locais, representando apenas uma equiparação, inclusive sob o aspecto concorrencial, com os BDR.

[201] Para mais informações sobre inovação concorrencial e o modelo de atuação ora debatido, ver seção 2.1 acima.

Ademais, apesar de impedir apenas a veiculação pública, no Brasil, de publicidade relacionada a outros serviços prestados no exterior que não os relacionados aos mercados reconhecidos, a restrição não tem o condão de impedir que o cliente contrate outros serviços e produtos do intermediário estrangeiro durante seu relacionamento comercial, que terá início após a conclusão da indicação do cliente pelo intermediário local. Igualmente, o residente no Brasil que acessa o intermediário estrangeiro diretamente, conforme permissivo da regulamentação cambial, também poderia contratar outras modalidades de serviço.

Como a prestação de serviços, em si, ocorre no exterior, eventuais limites aos produtos e serviços oferecidos pelo intermediário estrangeiro a seus clientes estão sujeitos às regras aplicáveis na jurisdição de atuação do intermediário estrangeiro, fora da competência territorial da CVM.

Destarte, parece-nos que esse critério não se alinha com a regulação pautada no interesse público e com os princípios que devem nortear a regulação, especialmente no contexto de inovação financeira, além de, potencialmente, ter pouco efeito prático.

Em relação ao derradeiro critério, qual seja, a exigência de que o intermediário estrangeiro se comprometa a não aceitar e a não manter investidores residentes no Brasil que não tenham passado pelo crivo do intermediário brasileiro, fica claro que a intenção da CVM foi assegurar que a contratação do intermediário local não seja mera formalidade, o que é um objetivo legítimo.

Contudo, o exame da materialidade da parceria poderia ser verificado com base no cumprimento dos demais critérios fixados pelo Colegiado da CVM. A imposição desse critério, com efeito, acaba tendo mais o condão de interferir, mesmo que de forma indireta, nas atividades do intermediário estrangeiro desempenhadas exclusivamente na sua jurisdição de origem (fora da jurisdição da CVM).

Apesar de ser atribuição da CVM regular a atividade do intermediário local, bem como fixar as balizas da parceria com o intermediário estrangeiro, a competência da CVM alcançaria apenas os atos de prospecção realizados junto a investidores residentes no Brasil — e não a atividade de intermediação em si, esta prestada no exterior. Parece-nos, que a imposição de regras sobre quem pode, ou não, ser atendido pelo intermediário estrangeiro, na sua jurisdição, seria matéria exclusiva da regulação em seu país de origem.

Ao impor essa exigência, como uma obrigação contratual assumida no âmbito da parceria, a CVM acaba por atribuir difícil tarefa ao intermediário local que teria de atuar, em certa medida, como fiscalizador permanente das atividades desenvolvidas pelo intermediário estrangeiro na sua jurisdição de origem, o que não parece razoável.

Como *gatekeeper*, caberia ao intermediário local assegurar que o parceiro estrangeiro esteja devidamente autorizado a funcionar e os clientes prospectados no Brasil sejam objeto de cadastro prévio, bem como conduzir verificações e monitoramentos para prevenção de lavagem de dinheiro, análise de risco, entre outras diligências previstas na regulamentação local, entre as quais não está o monitoramento das operações do intermediário estrangeiro no exterior e o acompanhamento de sua base de clientes.

Ademais, como abordado na seção 1.1.1 acima, é lícito que os residentes no Brasil contratem diretamente serviços de intermediários estrangeiros para constituição de reservas e investimentos internacionais, de modo que os investidores locais poderiam acessar intermediários estrangeiros independente de parceria com instituições brasileiras.

Esse critério poderia, além disso, representar uma desvantagem competitiva para intermediários estrangeiros ao atender clientes residentes no Brasil. Vale ponderar que tais instituições, usualmente, podem ter escopo de atuação mais amplo do que o atendimento aos residentes no País. Logo, tornar esse tipo de serviço mais penoso à instituição pode desestimular o acesso pelos residentes no Brasil aos mercados internacionais (apesar da demanda) por meio da parceria com o intermediário local (que representa uma forma mais assistida do que o acesso direto), o que parece ir de encontro aos interesses dos residentes no Brasil e representa um entrave à livre concorrência.

Assim, a imposição desse critério poderia significar uma ingerência irrazoável sobre as atividades realizadas pelo intermediário estrangeiro em sua jurisdição de origem. A restrição ao atendimento ou manutenção de clientes pelo intermediário estrangeiro parece, ainda, representar ônus excessivo ao intermediário local sem que o resultado prático represente um benefício ao investidor residente no Brasil, que poderia, a seu critério, contratar com outras instituições estrangeiras que não efetuam esforços de prospecção no Brasil, independente de participação de instituição integrante do sistema de distribuição de valores mobiliários brasileiro — caso em que todos os demais critérios fixados pela CVM não seriam aplicáveis.

Por todo o exposto, fica evidente o importante papel da CVM no reconhecimento da atuação do intermediário estrangeiro no Brasil e na fixação das diretrizes a serem observadas. O regulador, assim, não se omitiu e sua manifestação representa verdadeira resposta do Estado à demanda crescente por investimento direto no exterior e aos modelos de negócio inovadores que pretendem atendê-la.

CONCLUSÕES

Conforme exposto ao longo do trabalho, diante do caráter inovador do modelo de atuação dos intermediários estrangeiros em viabilizar o investimento direto em ativos estrangeiros e da ausência de uma posição definitiva do regulador sobre o assunto, necessário se faz analisar os desafios regulatórios que permeiam o acesso dos investidores de varejo residentes no Brasil aos ativos financeiros negociados nos mercados internacionais por meio de intermediários estrangeiros que, embora prestem seus serviços exclusivamente nas suas jurisdições de origem, empreendem esforços de prospecção de clientes no Brasil, sobretudo através de meios *online*.

Nesse contexto, o presente trabalho se propôs a alcançar uma resposta juridicamente embasada às seguintes questões: a oferta, por intermediário estrangeiro, dos serviços de intermediação com valores mobiliários estrangeiros, prestados exclusivamente no exterior, a investidores residentes no Brasil é juridicamente possível? Se sim, como deve ser conduzida?

Bom base nas premissas e características indicadas no início deste trabalho, o modelo de atuação do intermediário estrangeiro foi confrontado com a legislação em vigor com o objetivo de responder à primeira questão.

Consoante a análise da regulamentação do mercado de câmbio, é possível concluir que não existe vedação para que residentes no Brasil realizem operações de câmbio de compra de moeda estrangeira para remessas de recursos para o exterior para realização de investimentos, sendo que a controvérsia surge quando o intermediário estrangeiro empreende esforços de prospecção no Brasil, sobretudo por meio da internet.

Ao fazê-lo, surge a dúvida se o intermediário estrangeiro poderia estar praticando atividade para a qual não tem autorização no Brasil, nos termos do artigo 16, III, da Lei nº 6.385/76, de modo que, se fosse esse o caso, a atuação do intermediário estrangeiro na forma proposta poderia estar contaminada por ilegalidade ou irregularidade, considerando, além do disposto na Lei nº 6.385/76, disposições da regulamentação infralegal editada pela CVM — a quem cabe fiscalizar, normatizar, disciplinar e desenvolver o mercado de valores mobiliários, observado seu papel de fomentador do mercado que lhe é reservado em decorrência do artigo 174 da Constituição Federal.

Tendo em vista que o modelo de negócio sob análise não implica intermediação de operações com valores mobiliários em território nacional (nos termos do artigo 15, III da Lei 6.385/76), bem como que o artigo 2º da Portaria nº 327 estabelece que a CVM tem jurisdição apenas no território nacional, verificou-se que, observadas determinadas condições fáticas (conforme previstas na seção 1.3), o modelo não atrairia, a princípio, a aplicação do disposto nos artigos 15 e 16 da Lei nº 6.385/76 e, por conseguinte, a competência da CVM em relação à autorização prévia para exercício de atividade regulada.

Porém, considerando que a atuação do intermediário estrangeiro provoca efeitos no mercado de capitais brasileiro bem como que a oferta dos serviços se dá por meio da internet, reflexões adicionais foram necessárias a partir da análise dos Pareceres de Orientação nº 32 e 33.

A partir da mencionada análise, notou-se que o elemento chave para apuração da "regularidade" da atuação não é a atividade em si, mas sim a presença ou não de esforços de prospecção no Brasil. Diante da inexistência de previsão legal a respeito de necessidade de prévia autorização para "oferta de serviços de intermediação", fica evidente que, exceto se o intermediário estrangeiro pretender realizar a intermediação de operações com valores mobiliários emitidos, ofertados e negociados no Brasil, as disposições do artigo 16 da Lei nº 6.385/76 não se aplicam ao intermediário estrangeiro. Assim, em homenagem aos princípios da legalidade e da livre iniciativa, bem como considerando o propósito maior de desenvolvimento do mercado de valores mobiliários — que é, inclusive, um dos objetivos da CVM, conclui-se que não há ilegalidade da atuação do intermediário, à luz da Lei 6.385/76, conforme premissas estabelecidas neste trabalho.

Verificou-se a existência de uma "zona cinzenta", na medida em que inexiste exigência legal para que o intermediário estrangeiro seja registrado ou obtenha autorização para atuar junto à CVM ou qualquer outro órgão regulador do mercado financeiro no Brasil e, ao mesmo tempo, existem previsões normativas, sobretudo na regulamentação cambial, que permitem que esse mesmo intermediário atenda clientes residentes no Brasil. Porém, tendo em vista que a prospecção de clientes para contratação de serviços de intermediação no exterior pode gerar efeitos no mercado de capitais do Brasil, atrai-se a competência preventiva da CVM, nos termos dos parágrafos 1º e 6º do artigo 9º da Lei nº 6.385/76.

Nesse contexto, embora constatada a inexistência de ilegalidade na atuação do intermediário estrangeiro, enquanto sua atuação gerar efeitos no mercado de capitais do Brasil, ele não consegue se desvencilhar do poder de regulação da CVM, o que provoca a necessidade de ponderar como a atuação do intermediário estrangeiro poderia se desenvolver de forma regular no País.

Apesar de o regulador, por meio do Parecer de Orientação nº 33, propor um ponto de partida para atuação regular do intermediário estrangeiro (contratação de instituição integrante do sistema de distribuição brasileiro para conduzir a intermediação no Brasil), diante do silêncio das normas infralegais a respeito dessa modalidade de atuação, inclusive em razão da atipicidade da conduta, consoante na Lei n 6.385/76, o desafio é traçar um caminho para a atuação do intermediário estrangeiro, conforme premissas adotadas neste trabalho, que seja juridicamente embasado, sobretudo, considerando a inexistência de normas específicas aplicáveis ao modelo de investimento direto ora analisado (exatamente o que caracteriza a "zona cinzenta").

Se, de um lado, não existem regras específicas à espécie, por outro, existe a competência preventiva da CVM para atuar de modo a preservar a higidez dos mercados e assegurar a proteção dos investidores — sem, contudo, abandonar-se o objetivo de desenvolvimento do mercado.

Conforme mencionado na seção 2.4, a ausência de previsão legal não pode ser um óbice para o desenvolvimento de modelos de negócio inovadores, mesmo que em segmentos regulados, desde que essencialmente esses modelos não contrariem os objetivos da regulação pautada no interesse público.

Nesse contexto, até que o tema seja objeto de regulamentação específica, com a participação dos agentes de mercado como um todo, as manifestações do regulador e as disposições regulatórias já existentes se mostram como um ponto de partida pertinente para o estabelecimento de diretrizes mínimas, além da contratação de um intermediário local, para que o intermediário estrangeiro possa realizar a prospecção de clientes no Brasil sem infringir os objetivos da regulação orientada pelo interesse público.

O estabelecimento dessas diretrizes, ainda, deve considerar o contexto de inovação financeira no qual o modelo em comento se insere, de modo que também é necessário compreender como a atuação do regulador também se insere nesse cenário de inovação no mercado de capitais.

A CVM está atenta aos princípios e objetivos mencionados acima e considerando o cenário de inovação financeira, e tem patrocinado iniciativas para modernizar o mercado de capitais e alinhá-lo às melhores práticas internacionais. Nesse contexto, a CVM, por meio de seu Colegiado, ratificou a possibilidade de atuação do intermediário estrangeiro, nos moldes debatidos neste trabalho, bem com fixou critérios mínimos a serem observados.

A presente pesquisa, assim, propôs-se a analisar os principais riscos associados à atuação do intermediário estrangeiro a fim de examinar os critérios mínimos a serem observadas tanto pelo intermediário estrangeiro quanto o intermediário local para possibilitar o acesso dos investidores residentes no Brasil aos mercados estrangeiros por meio de um arranjo entre as instituições. Esse exame partiu do arcabouço regulatório já existente e das diretrizes fixadas pela CVM, adotando-se como metodologia, critérios de eleição de riscos para teorização da melhor forma de administrá-los.

Assim, como medidas mitigadoras dos riscos regulatórios, especialmente aqueles relacionados à ausência de jurisdição da CVM e risco de configuração de oferta pública de valores mobiliários estrangeiros no país de forma irregular, propõe-se a contratação do intermediário local e a vedação a veiculação de informações sobre valores mobiliários específicos. Medidas que encontram correspondência na decisão do Colegiado da CVM proferida em 23 de fevereiro de 2021.

Para mitigação de riscos associados à ausência de informações suficientes para tomada da decisão de investimento e no idioma do investidor, propôs-se que o intermediário local tenha prerrogativas de fazer um juízo prévio, baseado na razoabilidade, sobre informações disponíveis no idioma estrangeiro que devem ser disponibilizadas em português a fim de garantir o acesso dos clientes residentes no Brasil a todas as informações necessárias não só para a contratação dos serviços do intermediário estrangeiro, mediante abertura da conta, mas para realização e acompanhamento de seus investimentos. Além disso, a CVM ativamente propôs um rol de informações mínimas a serem objeto de divulgação pelo intermediário local, precisamente com o objetivo de munir o público residente no Brasil com informações claras e em português suficientes para formação da decisão de investidor no exterior.

Com o objetivo de mitigar o risco de inadequação do investimento ao perfil do investidor, sugeriu-se que o investimento em bolsa no exterior fosse classificado de forma semelhante ao investimento em Bolsa no Brasil, a fim de que o intermediário local, ao conduzir a oferta de serviços do intermediário estrangeiro no Brasil, pudesse avaliar a adequabilidade do produto ao perfil dos clientes prospectados. Também é recomendável que o contrato celebrado entre as instituições intermediárias estabeleça intercâmbio de informações nesse sentido para que cada uma das instituições pudesse cumprir com as suas respectivas obrigações de adequação do produto ao perfil do cliente, conforme oponíveis a eles nas suas respectivas jurisdições.

Sobre esse tema, concluiu-se que não seria razoável ou conveniente restringir o acesso a prospecção dos clientes residentes no Brasil apenas a investidores qualificados, considerando que investidor de varejo já é permitido investir no exterior, conforme as regras do mercado de câmbio. Qualquer restrição nesse sentido seria uma incoerência regulatória e levaria à situação bizarra de se permitir que qualquer investidor pudesse acessar os mercados internacionais livremente, mas sem qualquer tipo de proteção do sistema de distribuição de valores mobiliários brasileiro, resguardando apenas aos investidores qualificados essa proteção.

A respeito do risco decorrente da ausência de autorização do intermediário estrangeiro na sua jurisdição de origem, sugeriu-se, como requisito de admissibilidade, que o intermediário estrangeiro esteja registrado e submetido à supervisão por autoridade competente em seu país de origem, solução que, igualmente, encontra correspondência nos critérios mínimos fixados pela CVM.

Quanto ao risco associado à deficiência de mecanismos de prevenção à lavagem de dinheiro e financiamento ao terrorismo, sugeriu-se, até para fins de consistência regulatória, que o intermediário estrangeiro adote práticas e procedimentos para garantir, em relação a valores oriundos ou destinados ao Brasil, a identificação da origem dos recursos depositados nas contas de investimento por ele mantidas bem como destino dos saques e transferências.

Considerando as características do modelo de oferta de serviços caracterizado ao longo deste trabalho, em especial no Capítulo 1, conclui-se que não há ilegalidade no modelo de atuação do intermediário estrangeiro que apenas oferta, no Brasil, seus serviços de intermediação com valores mobiliários prestados exclusivamente no exterior, atividade que dispensa autorização prévia da CVM ou de qualquer outro regulador do mercado financeiro e de capitais. Deste modo, resta esclarecida a primeira questão a que este trabalho se propôs a debater.

Quanto à segunda questão, isto é, "como" referida atividade deve ocorrer, conclui-se, também, que há espaço regulatório para essa atuação, sendo que a própria regulação vigente já propõe uma via, qual seja, a contratação de uma instituição integrante do sistema de valores mobiliários. Ademais, a fim de se garantir segurança jurídica, diretrizes mínimas devem ser observadas no desempenho do modelo proposto a fim de se evitar condutas contrárias aos objetivos da regulação baseada no interesse público. O presente trabalho apresentou algumas diretrizes que podem ser adotadas nesse sentido, bem como discorreu sobre os critérios mínimos fixados pela CVM, esclarecendo, assim, a segunda questão que motivou este estudo.

O mercado de capitais, assim como outros subsistemas do mercado financeiro, está sujeito a inovações, as quais não devem ser obstadas pela regulação. Ao contrário, no intuito de fomentar a inovação e promover a evolução dos mercados e dos seus participantes, cabe ao regulador atuar para garantir o desenvolvimento de novas iniciativas, seja por meio de indução de novos modelos ou por via da regulação de modelos produzidos pelos agentes econômicos privados.

Alinhada aos objetivos da regulação do mercado de capitais orientada pelo interesse público, a inovação financeira é um importante indutor do progresso e desenvolvimento do sistema financeiro e deve ser vista como tal. Afinal, parafraseando Jairo Saddi, não há um país desenvolvido sem um bom sistema financeiro. E sem um bom sistema financeiro, os princípios constitucionais da ordem econômica do Brasil não se concretizam.

REFERÊNCIAS

ABRÃO, Nelson. **Direito Bancário.** 16. ed. rev. atual. e ampl. pelo Desembargador Carlos Henrique Abrão. São Paulo: Saraiva, 2016.

BACHA, Edmar Lisboa; OLIVEIRA FILHO, Luiz Chrysostomo de (organizadores). **Mercado de Capitais e Crescimento Econômico**. Rio de Janeiro, Contra Capa Livraria, 2005.

BRASIL. COMISSÃO DE VALORES MOBILIÁRIOS. **Direito do Mercado de Valores Mobiliários.** 1ª Edição, Rio de Janeiro: CVM, 2017.

______. COMISSÃO DE VALORES MOBILIÁRIOS. **O mercado de valores mobiliários brasileiro.** 4ª Edição, Rio de Janeiro: CVM, 2019.

CARVALHO, Matheus. Manual de direito administrativo. 3. Ed. rev., ampl. e atual. Salvador: Juspodivm, 2016.

CODORNIZ, Gabriela; PATELLA, Laura (coord.). **Comentários à Lei do Mercado de Capitais — Lei nº 6.385/76**. São Paulo: Quartier Latin, 2015.

COELHO, Fábio Ulhoa. **Manual de direito comercial: direito de empresa.** 23. ed. São Paulo: Saraiva, 2011.

DI PRIETO, Maria Sylvia Zanella. **Direito administrativo**. 25. ed. São Paulo: Atlas, 2012.

DUTRA, Pedro. **Livre concorrência e regulação de mercados: estudos e pareceres.** Rio de Janeiro: Renovar, 2003.

EIZIRIK, Nelson. **Reforma das S.A. e do Mercado de Capitais.** 2ª ed. Rio de Janeiro: Renovar, 1998.

_______; GAAL, Ariádna B.; PARENTE, Flávia; HENRIQUES, Marcus de Freitas. **Mercado de capitais — regime jurídico.** 3ª Edição, revista e ampliada. Rio de Janeiro: Renovar, 2011.

FORTUNA, Eduardo. **Mercado financeiro: produtos e serviços.** 18ª ed. rev. e atual. Rio de Janeiro: Qualitymark, 2010.

GRAU, Eros Roberto. **A Ordem Econômica na Constituição de 1988 (interpretação crítica).** São Paulo: Malheiros, 1998.

LORIA, Eli; KALANSKY, Daniel. **Processo Sancionador e Mercado de Capitais. Estudo de Casos e Tendências; Julgamentos da CVM.** São Paulo: Quartier Latin, 2016.

MOSQUERA, Roberto Quiroga (coord.). **Aspectos Atuais do Direito do Mercado Financeiro e de Capitais.** São Paulo: Dialética, 1999.

NODA, Margareth. Em tese de mestrado apresentada à Faculdade de Direito da Universidade de São Paulo, sob o título "**Acesso eletrônico e tendências para a intermediação no mercado de valores mobiliários**". Biblioteca da Faculdade de Direito, São Paulo, 2010.

NOGAMI, Otto; PASSOS, Carlos Roberto Martins. **Princípios de Economia.** 7. Ed., rev. — São Paulo, SP: Cengage Learning, 2016.

NOVELINO, Marcelo. Curso de direito constitucional. 11. Ed. rev., ampl. e atual. Salvador: Juspodivm, 2016.

NUSDEO, Fabio (coordenador). **O Direito Econômico na Atualidade.** São Paulo: Editora Revista dos Tribunais, 2015.

OIOLI, Erik Frederico (coordenador). **Manual de direto para startups.** 2. Ed. rev. atual. e ampl. São Paulo: Thomson Reuters Brasil, 2020.

PEREIRA DE SOUZA, Sérgio Augusto G. **Premissas de direito econômico.** Belo Horizonte: Fórum, 2009.

PINHEIRO, Juliano Lima. **Mercado de Capitais.** 8ª ed. São Paulo: Atlas, 2016.

ROCCA, CARLOS A. **Mercado de Capitais Eficiente: Condição para o Crescimento Sustentado.** XVI Fórum Nacional de Economia do Conhecimento, Crescimento Sustentado e Inclusão Social. Rio de Janeiro, mai. de 2020.

SILVEIRA, Alexandre Di Miceli da. **Governança corporativa no Brasil e no mundo: teoria e prática.** 2. ed. Rio de Janeiro: Elsevier, 2015.

YAZBEK, Otavio. **Regulação do mercado financeiro e de capitais.** Rio de Janeiro: Elsevier, 2007.

LEVANTAMENTO NORMATIVO — LEGISLAÇÃO

Brasil. Constituição da República Federativa do Brasil de 1988.

Brasil. Lei Federal nº 4.131. de 3 de setembro de 1962, que disciplina a aplicação do capital estrangeiro e as remessas de valores para o exterior e dá outras providências.

Brasil. Lei Federal nº 4.595, de 31 de dezembro de 1964, que dispõe sobre a Política e as Instituições Monetárias, Bancárias e Creditícias, Cria o Conselho Monetário Nacional e dá outras providências.

Brasil. Lei Federal nº 4.728, de 14 de julho de 1965, que disciplina o mercado de capitais e estabelece medidas para seu desenvolvimento.

Brasil. Decreto-Lei nº 73, de 21 de novembro de 1966, que dispõe sobre o sistema Nacional de Seguros Privados, regula as operações de seguros e resseguros e dá outras providências.

Brasil. Decreto-Lei nº 1.060, de 21 de outubro de 1969, que dispõe sobre a declaração de bens, dinheiros ou valores, existentes no estrangeiro, a prisão administrativa e o sequestro de bens por infrações fiscais e dá outras providências.

Brasil. Lei Federal nº 6.385, de 7 de dezembro de 1976, que dispõe sobre o mercado de valores mobiliários e cria a Comissão de Valores Mobiliários.

Brasil. Lei Federal nº 6.404 de 15 de dezembro de 1976, que dispõe sobre as Sociedades por Ações.

Brasil. Lei Federal nº 8.668 de 25 de junho de 1993, que dispõe sobre a constituição e o regime tributário dos Fundos de Investimento Imobiliário e dá outras providências.

Brasil. Lei Federal nº 9.613 de 3 de março de 1998, que dispõe sobre os crimes de "lavagem" ou ocultação de bens, direitos e valores; a prevenção da utilização do sistema financeiro para os ilícitos previstos nesta Lei; cria o Conselho de Controle de Atividades Financeiras — COAF, e dá outras providências.

Brasil. Lei Federal nº 13.874 de 20 de setembro de 2019, que institui a Declaração de Direitos de Liberdade Econômica; estabelece garantias de livre mercado; altera as Leis nos 10.406, de 10 de janeiro de 2002 (Código Civil), 6.404, de 15 de dezembro de 1976, 11.598, de 3 de dezembro de 2007, 12.682, de 9 de julho de 2012, 6.015, de 31 de dezembro de 1973, 10.522, de 19 de julho de 2002, 8.934, de 18 de novembro 1994, o Decreto-Lei nº 9.760, de 5 de setembro de 1946 e a Consolidação das Leis do Trabalho, aprovada pelo Decreto-Lei nº 5.452, de 1º de maio de 1943; revoga a Lei Delegada nº 4, de 26 de setembro de 1962, a Lei nº 11.887, de 24 de dezembro de 2008, e dispositivos do Decreto-Lei nº 73, de 21 de novembro de 1966; e dá outras providências.

Brasil. Lei Federal nº 14.130 de 29 de março de 2021, que altera a Lei nº 8.668, de 25 de junho de 1993, para instituir os Fundos de Investimento nas Cadeias Produtivas Agroindustriais (Fiagro), e a Lei nº 11.033, de 21 de dezembro de 2004; e dá outras providências.

Brasil. Ministério da Fazenda. Portaria nº 327, de 11 de julho de 1977 (publicada no Diário Oficial da União em 12.07.1977), que aprova o Regimento Interno da Comissão de Valores Mobiliários.

Brasil. Conselho Monetário Nacional. Resolução do CMN nº 702, de 26 de agosto de 1981.

Brasil. Conselho Monetário Nacional. Resolução CMN nº 1.120, de 4 de abril de 1986.

Brasil. Conselho Monetário Nacional. Resolução CMN nº 1.655, de 26 de outubro de 1989.

Brasil. Conselho Monetário Nacional. Resolução CMN nº 2.624, de 29 de julho de 1999, que consolida as normas sobre a constituição e o funcionamento de bancos de investimento.

Brasil. Conselho Monetário Nacional. Resolução nº 2.907, de 29 de novembro de 2001, que autoriza a constituição e o funcionamento de fundos de investimento em direitos creditórios e de fundos de aplicação em quotas de fundos de investimento em direitos creditórios.

Brasil. Conselho Monetário Nacional. Resolução nº 3.568, de 29 de maio de 2008, que dispõe sobre o mercado de câmbio e dá outras providências.

Brasil. Conselho Monetário Nacional. Resolução CMN nº 3.854, de 27 de maio de 2010, que dispõe sobre a declaração de bens e valores possuídos no exterior por pessoas físicas ou jurídicas residentes, domiciliadas ou com sede no País.

Brasil. Conselho Monetário Nacional. Resolução CMN nº 4.122, de 2 de agosto de 2012, que estabelece requisitos e procedimentos para constituição, autorização para funcionamento, cancelamento de autorização, alterações de controle, reorganizações societárias e condições para o exercício de cargos em órgãos estatutários ou contratuais das instituições que especifica.

Brasil. Conselho Monetário Nacional. Resolução CMN nº 4.656, de 26 de abril de 2018, que sobre a sociedade de crédito direto e a sociedade de empréstimo entre pessoas, disciplina a realização de operações de empréstimo e de financiamento entre pessoas por meio de plataforma eletrônica e estabelece os requisitos e os procedimentos para autorização para funcionamento, transferência de controle societário, reorganização societária e cancelamento da
autorização dessas instituições.

Brasil. Banco Central do Brasil. Circular nº 3.689, de 16 de dezembro de 2013, que regulamenta, no âmbito do Banco Central do Brasil, as disposições sobre o capital estrangeiro no País e sobre o capital brasileiro no exterior.

Brasil. Banco Central do Brasil. Circular nº 3.690, de 16 de dezembro de 2013, que dispõe sobre a classificação das operações no mercado de câmbio.

Brasil. Banco Central do Brasil. Circular nº 3.691, de 16 de dezembro de 2013, que regulamenta a Resolução nº 3.568, de 29 de maio de 2008, que dispõe sobre o mercado de câmbio e dá outras providências.

Brasil. Comissão de Valores Mobiliários. Nota explicativa CVM nº 24, de 27 de novembro de 1981, referente à Resolução CMN 702, de 26.08.81, que conceitua "situações anormais de mercado" para efeito do § 1º do art. 9º da Lei nº 6.385, de 07.12.76.

Brasil. Conselho Monetário Nacional. Resolução nº 4.373, de 29 de setembro de 2014, que dispõe sobre aplicações de investidor não residente no Brasil nos mercados financeiro e de capitais no País e dá outras providências.

Brasil. Conselho Monetário Nacional. Resolução CMN nº 4.841, de 30 de julho de 2020, que altera a Resolução nº 3.854, de 27 de maio de 2010, que dispõe sobre a declaração de bens e valores possuídos no exterior por pessoas físicas ou jurídicas residentes, domiciliadas ou com sede no País.

Brasil. Comissão de Valores Mobiliários. Nota explicativa CVM nº 24, de 27 de novembro de 1981, referente à Resolução CMN 702, de 26.08.81, que conceitua "situações anormais de mercado" para efeito do § 1º do art. 9º da Lei nº 6.385, de 07.12.76.

Brasil. Comissão de Valores Mobiliários. Instrução CVM nº 332, de 4 de abril de 2000, que dispõe sobre a emissão e negociação de certificados de depósitos de valores mobiliários — BDRs com lastro em valores mobiliários de emissão de companhias abertas, ou assemelhadas, com sede no exterior e revoga Instrução 255/96.

Brasil. Comissão de Valores Mobiliários. Instrução CVM nº 356, de 17 de dezembro de 2001, que regulamenta a constituição e o funcionamento de fundos de investimento em direitos creditórios e de fundos de investimento em cotas de fundos de investimento em direitos creditórios.

Brasil. Comissão de Valores Mobiliários. Instrução CVM nº 384, de 17 de março de 2003, que dispõe sobre a atividade de formador de mercado para valores mobiliários em Bolsa de Valores ou Mercado de Balcão Organizado e revoga a Instrução 244/96.

Brasil. Comissão de Valores Mobiliários. Instrução CVM nº 400, de 29 de dezembro de 2003, que dispõe sobre as ofertas públicas de distribuição de valores mobiliários, nos mercados primário ou secundário, e revoga a Instrução 13/80 e a Instrução 88/88.

Brasil. Comissão de Valores Mobiliários. Instrução CVM nº 461, de 23 de outubro de 2007, que disciplina os mercados regulamentados de valores mobiliários e dispõe sobre a constituição, organização, funcionamento e extinção das bolsas de valores, bolsas de mercadorias e futuros e mercados de balcão organizado.

Brasil. Comissão de Valores Mobiliários. Instrução CVM nº 472, de 30 de dezembro de 2008, que dispõe sobre a constituição, a administração, o funcionamento, a oferta pública de distribuição de cotas e a divulgação de informações dos Fundos de Investimento Imobiliário.

Brasil. Comissão de Valores Mobiliários. Instrução CVM nº 476, de 16 de janeiro de 2009, que dispõe sobre as ofertas públicas de valores mobiliários distribuídas com esforços restritos e a negociação desses valores mobiliários nos mercados regulamentados.

Brasil. Comissão de Valores Mobiliários. Instrução CVM nº 480, de 7 de dezembro de 2009, que dispõe sobre o registro de emissores de valores mobiliários admitidos à negociação em mercados regulamentados de valores mobiliários.

Brasil. Comissão de Valores Mobiliários. Instrução CVM nº 555, de 17 de dezembro de 2014, que dispõe sobre a constituição, a administração, o funcionamento e a divulgação das informações dos fundos de investimento.

Brasil. Comissão de Valores Mobiliários. Instrução CVM nº 578, de 130 de agosto de 2016, que dispõe sobre a constituição, o funcionamento e a administração dos Fundos de Investimento em Participações.

Brasil. Comissão de Valores Mobiliários. Instrução CVM nº 617, de 5 de dezembro de 2019, que dispõe sobre a prevenção à lavagem de dinheiro e ao financiamento do terrorismo — PLDFT no âmbito do mercado de valores mobiliários.

Brasil. Comissão de Valores Mobiliários. Resolução nº 3, de 11 de agosto de 2020, que altera e acrescenta dispositivos à Instrução CVM nº 332, de 4 de abril de 2000, à Instrução CVM nº 359, de 22 de janeiro de 2002, à Instrução CVM nº 471, de 8 de agosto de 2008, à Instrução CVM nº 476, de 16 de janeiro de 2009, à Instrução CVM nº 480, de 7 de dezembro de 2009 e à Instrução CVM nº 555, de 17 de dezembro de 2014.

Brasil. Comissão de Valores Mobiliários. Resolução nº 19, de 25 de fevereiro de 2021, que dispõe sobre a atividade de consultoria de valores mobiliários e revoga a Instrução CVM nº 592, de 17 de novembro de 2017, a Instrução CVM nº 619, de 6 de fevereiro de 2020 e a Deliberação CVM nº 783, de 17 de novembro de 2017.

Brasil. Comissão de Valores Mobiliários. Resolução nº 29, de 11 de maio de 2021, que dispõe sobre as regras para constituição e funcionamento de ambiente regulatório experimental (sandbox regulatório) e revoga a Instrução CVM nº 626, de 15 de maio de 2020.

Brasil. Comissão de Valores Mobiliários. Resolução nº 30, de 11 de maio de 2021, que dispõe sobre o dever de verificação da adequação dos produtos, serviços e operações ao perfil do cliente e revoga a Instrução CVM nº 539, de 13 de novembro de 2013.

Brasil. Comissão de Valores Mobiliários. Resolução nº 35, de 26 de maio de 2021, que Estabelece normas e procedimentos a serem observados na intermediação de operações realizadas com valores mobiliários em mercados regulamentados de valores mobiliários e revoga a Deliberação CVM nº 105, de 22 de janeiro de 1991, e as Instruções CVM nº 51, de

9 de junho de 1986, CVM nº 333, de 6 de abril de 2000, CVM nº 505, de 27 de setembro de 2011, Instrução CVM nº 526, de 21 de setembro de 2012; Instrução CVM nº 581, de 29 de setembro de 2016; Instrução CVM nº 612, de 21 de agosto de 2019; e Instrução CVM nº 618, de 28 de janeiro de 2020.

Brasil. Comissão de Valores Mobiliários. Resolução nº 39, de 13 de julho de 2021, que dispõe, de forma temporária e em caráter experimental, sobre o registro do Fundo de Investimento nas Cadeias Produtivas Agroindustriais.

Brasil. Comissão de Valores Mobiliários. Resolução nº 50, de 31 de agosto de 2021, que dispõe sobre a prevenção à lavagem de dinheiro, ao financiamento do terrorismo e ao financiamento da proliferação de armas de destruição em massa – PLD/FTP no âmbito do mercado de valores mobiliários e revoga a Instrução CVM nº 617, de 5 de dezembro de 2019 e a Nota Explicativa à Instrução CVM nº 617, de 5 de dezembro de 2019.

Brasil. Comissão de Valores Mobiliários. Parecer de Orientação nº 32, de 30.09.2005, que trata do uso da Internet em ofertas de valores mobiliários e na intermediação de operações.

Brasil. Comissão de Valores Mobiliários. Parecer de Orientação nº 33, de 30.09.2005, que trata da intermediação de operações e oferta de valores mobiliários emitidos e admitidos à negociação em outras jurisdições.

Brasil. Comissão de Valores Mobiliários. Relatório de Análise SDM — Processo nº RJ2003/11142, de 23 de outubro de 2007, que trata da audiência pública para edição da Instrução CVM nº 461/07.

Brasil. Comissão de Valores Mobiliários. Relatório de Análise SDM — Audiência Pública SDM nº 04/2009, de 20 de setembro de 2011, que trata da audiência pública para edição da Instrução CVM nº 505/11.

Brasil. Comissão de Valores Mobiliários. Relatório de Análise Audiência Pública SDM nº 01/19 — Processo CVM 19957.0028122019-37, de 6 de fevereiro de 2020, que altera a Instrução CVM nº 592, de 19 de novembro de 2017, sobre a atividade de consultoria de valores mobiliários.

Brasil. Comissão de Valores Mobiliários. Ato Declaratório CVM nº 16.761, de 17 de dezembro de 2018.

Brasil. Comissão de Valores Mobiliários. Ato Declaratório CVM nº 17.041, de 29 de março de 2019.

Brasil. Comissão de Valores Mobiliários. Ato Declaratório CVM nº 17.590, de 21 de dezembro de 2019.

Brasil, Comissão de Valores Mobiliários. Memorando nº 94/2019-CVM/SMI/GME, de 7 de outubro de 2019.

Brasil, Comissão de Valores Mobiliários. Memorando nº 112/2020-CVM/SMI/GME, de 29 de outubro de 2020.

Brasil, Comissão de Valores Mobiliários. Ata de Reunião do Colegiado nº 40 de 22 de outubro de 2019, sobre consulta da SMI sobre oferta de serviços de intermediação de valores mobiliários por intermediário estrangeiro por meio de parceria com intermediário nacional — processos SEI 19957.01715/2018-37 e 19957.000495/2019-14.

Brasil, Comissão de Valores Mobiliários. Ata de Reunião do Colegiado nº 8 de 23 de fevereiro de 2021, sobre consulta da SMI sobre oferta de serviços de intermediação de valores mobiliários por intermediário estrangeiro por meio de parceria com intermediário nacional — processos SEI 19957.01715/2018-37 e 19957.000495/2019-14.

Brasil, Comissão de Valores Mobiliários. Nota Explicativa à Instrução CVM nº 617, de 5 de dezembro de 2019.

Brasil, Comissão de Valores Mobiliários. Nota Explicativa à Instrução CVM nº 50, de 31 de agosto de 2021.

Brasil, Comissão de Valores Mobiliários. Edital de Audiência Pública SDM Nº 08/20, com minuta de resolução que dispõem sobre a constituição, o funcionamento e a divulgação de informações dos fundos de investimento, bem como a prestação de serviços para os fundos, incluindo anexos normativos referentes aos fundos de investimento financeiros e aos fundos de investimento em direitos creditórios.

Brasil, B3 S.A. — Brasil, Bolsa, Balcão. Regulamento para Listagem de Emissores e Admissão à Negociação De Valores Mobiliários da B3, datado de 8 de junho de 2021.

